70 DICAS
para decolar
SUA **CARREIRA, VIDA & NEGÓCIOS**

GERENTE EDITORIAL
Roger Conovalov

DIAGRAMAÇÃO
Lura Editorial

REVISÃO
Mitiyo S. Murayama

CAPA
Lura Editorial

IMPRESSÃO
PSI7

Todos os direitos desta edição são reservados a Wagner Oliveira.

Primeira Edição

LURA EDITORIAL – 2020
Rua Manoel Coelho, 500. Sala 710
São Caetano do Sul, SP – CEP 09510-111
Tel: (11) 4318-4605
Site: www.luraeditorial.com.br

Todos os direitos reservados. Impresso no Brasil.

Nenhuma parte deste livro pode ser utilizada, reproduzida ou armazenada em qualquer forma ou meio, seja mecânico ou eletrônico, fotocópia, gravação etc., sem a permissão por escrito do autor.

Catalogação na Fonte do Departamento Nacional do Livro
(Fundação Biblioteca Nacional, Brasil)

Oliveira, Wagner
  70 dicas para decolar sua carreira, vida e negócios / Wagner Oliveira. Lura Editorial -- 1 ed. -- São Paulo, 2020.
  160 p.

  ISBN: 978-65-86626-34-6

  1. Desenvolvimento pessoal 2. Negócios I. Título.

CDD: 650

---

atendimento@luraeditorial.com.br
www.luraeditorial.com.br

Dedico esta obra a minha mãe Célia (*in memorian*), mulher guerreira, carinhosa e que ao longo da vida fez tanto por mim. Gratidão eterna por todas as lições ensinadas. Sou grato a Deus, meu guia e sustentador, que me ajudou em cada etapa desta obra e me deu sabedoria para concluí-la. A minha esposa Priscila e aos meus filhos Talita e Davi. Obrigado pelo apoio incondicional. Amo vocês!

SUMÁRIO

Introdução 10
1. O conhecimento abre portas 12
2. Defina suas metas! 14
3. Seja otimista e contagie todos a sua volta 16
4. Dê um show de atendimento! 18
5. Saia da zona de conforto 20
6. Marketing pessoal — a chave do sucesso! 22
7. Encante seu cliente e venda seu peixe 24
8. Vença o medo de falar em público 26
9. Invista em seu *networking* 28
10. Você tem controle emocional? 30
11. Acredite em você! 32
12. Comemore suas vitórias 34
13. Faça o bem sem olhar a quem 36
14. Administre melhor o seu tempo 38
15. Elogie! 40
16. Busque sua independência 42
17. *Feedback versus feedforward* 44
18. Administre sua carreira 46
19. Neutralize objeções 48

20. Seja um líder de alta performance e não um chefe!...................50
21. Você é motivado?...................52
22. Não se compare!...................54
23. Delegue e não "delargue"...................56
24. Comunique-se assertivamente...................58
25. Negocie com ética...................60
26. Quem é você: espectador, ator ou autor?...................62
27. Cultive relacionamentos...................64
28. Faça *benchmarking*...................66
29. Você ama o que faz?...................68
30. Não fique paralisado(a) diante dos problemas. Encontre soluções!...................70
31. Valorize os descontos em suas negociações...................72
32. Persista!...................74
33. O que o motiva no trabalho?...................76
34. Conheça a cultura de sua empresa...................78
35. Atendimento ao cliente: capriche na abordagem!...................80
36. O que é ter sucesso para você?...................82
37. Você sabe o que é *empowerment*?...................84
38. Tempo de casa ou meritocracia?...................86
39. Realize reuniões produtivas...................88
40. Invista em você!...................90
41. O que podemos aprender com as formigas?...................92
42. Acredite, há uma saída!...................94
43. Qual é o seu talento?...................96
44. Você sabe o que é *brainstorming*?...................98
45. Seja ousado!...................100
46. Influência e persuasão...................102

47. Cuidado! Você trabalha em equipe ou "euquipe"? 104
48. Seja um líder *coach* 106
49. Qual é seu diferencial competitivo? 108
50. Planeje sua apresentação 110
51. Você sabe o que é *presenteísmo*? 112
52. Diferencie preço de valor 114
53. Você é um profissional "do futuro" ou "de futuro"? 116
54. Motivação em vendas! 118
55. Empregabilidade 120
56. Você sabe o que é *job rotation*? 122
57. Venda mais! Livre-se de preconceitos 124
58. A importância do aprendizado contínuo 126
59. Você é criativo? 128
60. Cuidado com as resistências às mudanças 130
61. Os maiores desafios de um líder 132
62. Resiliência 134
63. 4 Lições do "Mineirazo" para a vida corporativa 136
64. O cliente sempre tem razão? 138
65. Empreendedorismo 140
66. Seja assertivo em suas contratações 142
67. Como alavancar suas vendas diante do baixo crescimento da economia 144
68. Reduza o *turnover*! Treine seus colaboradores 146
69. Benefícios do *mentoring* 148
70. Os Três Cs que não podem faltar em sua vida 150

Mensagem Final 153

Referências 157

INTRODUÇÃO

Após longos meses escrevendo e divulgando artigos em minha série semanal *Carreira, Vida e Negócios*,[1] fiquei surpreso com a interatividade do público. Os comentários foram muitos, o que me incentivou a continuar compartilhando conhecimento usando todas as ferramentas possíveis. Pouco depois, pensei, por que não reunir todos esses artigos em um só volume? Fazendo isso, o leitor terá facilidade para aprender e refletir sobre diversos assuntos que envolvem tanto o âmbito profissional quanto o pessoal. Como este é o meu segundo livro, eu sabia que a tarefa não seria fácil.

Foi assim que nasceu esta obra, fruto de meu desejo por compartilhar experiências e conhecimentos que aprendi até aqui. Com uma linguagem simples e objetiva, este livro é uma ótima ferramenta para você se inspirar e buscar sucesso em sua carreira e em sua vida. Ao final de cada dica, você será motivado a refletir e depois a agir. Afinal, como bem destacado pelo dramaturgo e jornalista irlandês George Bernard Shaw, "não existe progresso sem mudança". Se você quer ampliar sua performance e obter resultados positivos em qualquer esfera, é preciso mudar!

---

[1] Série disponível em minhas redes sociais e também no meu canal no YouTube e no Spotify: Wagner Oliveira – Carreira, Vida & Negócios.

Cabe destacar que este livro não tem como objetivo esgotar cada tema apresentado. Muitas reflexões podem ser extraídas de cada uma das dicas abordadas aqui. Além disso, esta obra não é dividida em capítulos. Portanto, sua leitura poderá começar em qualquer dica. Claro, meu desejo é que você leia todas as 70 dicas, amplie seu conhecimento e seja inspirado a buscar o sucesso que tanto almeja!

Quer aprofundar os seus conhecimentos sobre *brainstorming*, *coaching*, *job rotation*, motivação, presenteísmo, liderança, metas, etc.? Leia este livro! Não tenho dúvidas de que você ficará surpreso com todas as dicas apresentadas aqui.

Ótima leitura!

O CONHECIMENTO ABRE PORTAS

A mente que se abre a uma nova ideia
jamais voltará ao seu tamanho original.
ALBERT EINSTEIN

Você tem consciência da importância do conhecimento para o seu crescimento profissional? Pois é, vivemos em uma era em que a informação é disseminada rapidamente por redes sociais, internet e tantos outros veículos de comunicação. Ela se tornou muito mais acessível e ganhou volume. Nunca antes o conhecimento foi tão propagado!

Dentro deste cenário, notamos a velocidade dos avanços tecnológicos. A tecnologia mudou a maneira com que as pessoas fazem muitas coisas e acompanhá-la é uma tarefa fundamental para quem quer ganhar mais espaço no mercado de trabalho. Concordamos, por exemplo, que máquinas e seres humanos vivem hoje uma relação cada vez mais estreita. Em nosso calendário, no mês de agosto, existe um dia dedicado à informática. E como ela influenciou comportamentos de pessoas em todo o mundo!

Diante desses rápidos avanços e desafios, a tarefa de cada profissional é clara: abrir sua mente para novos conhecimentos! E a boa notícia é que nossa mente não é limitada para recebê-los! Hoje, profissionais de quaisquer áreas precisam conhecer seu produto, sua empresa, seus concorrentes, seus clientes, as novidades tecnológicas, etc. Além disso, conhecer seus pontos fortes e fracos, as ameaças e as oportunidades que surgem a sua frente.

Certamente, você conhece alguém com mais de 50 ou 60 anos que não perdeu a sede por conhecimento. Sabe aquela sua tia, seu avô ou quem sabe aquele seu vizinho sessentão que não para de ler livros e fazer cursos? Pois bem, quanta inspiração eles nos dão, não é mesmo? Interessante notar que o prazer de muitas destas pessoas é compartilhar o conhecimento que adquiriram ao longo da vida. Parafraseando Esopo, fabulista grego do século VI a.C, "ninguém é tão velho que não possa aprender e tão novo que não possa ensinar".

Portanto, preparo é fundamental! Participar de palestras, treinamentos, *workshops,* ler bons livros, por exemplo, são investimentos para o crescimento profissional. Seja uma verdadeira esponja. Absorva! Em um mercado cada vez mais globalizado, quem tem conhecimento tem poder!

E você, como tem buscado o conhecimento? Quais livros você lerá nos próximos 12 meses? Quais os cursos que você pretende fazer ainda neste ano?

Lembre-se: O conhecimento abre portas!

02

DEFINA SUAS METAS!

Nenhum vento sopra a favor
de quem não sabe aonde ir.
SÊNECA

Qual é a sua meta? Ela é clara para você? Aonde você quer chegar? Qual é o prazo para que isso aconteça? O que você terá que fazer para chegar lá? Para muitas pessoas, estas perguntas não têm respostas.

Viver a vida sem ter objetivos claros em mente é como navegar sem rumo no Oceano Atlântico! É como ter um carro sofisticado, com GPS integrado, capaz de levá-lo a qualquer lugar sem imprevistos. No entanto, de que adianta tanta tecnologia se você não programa o endereço de destino? O GPS se torna inútil quando o destino não é informado!

Cada um de nós possui seu próprio GPS integrado, de "alta tecnologia" e com uma precisão fora do comum. Esse GPS está em nosso cérebro! Se você não indicar o endereço de destino, certamente você vai ficar rodando por aí sem propósito. E, cá entre nós, isso é perigoso. Você pode acidentalmente trafegar em lugares perigosos, com pouca iluminação e visibilidade, além de gastar muito tempo para fazer pequenos trajetos.

É claro que se programar para chegar a um destino não significa que você não enfrentará obstáculos no caminho.

Com o GPS ligado e com o destino claramente traçado, existirão momentos em sua vida que você poderá andar mais rápido, outras vezes mais devagar e algumas vezes terá que parar. Em outros momentos, o tráfego será intenso, a viagem cansativa e você, mesmo com o endereço já programado, talvez vai pensar em desistir! Ah, e cuidado com os atalhos! Eles quase sempre o conduzirão a caminhos estranhos e esburacados!

Agora lembre-se: nenhum vento sopra a favor de quem não sabe aonde quer ir! Portanto, é hora de definir suas metas! E não as deixe vagar no campo dos sonhos, pois fatalmente se transformarão em utopia! Coloque-as no papel, seja específico, claro, defina prazos, estipule maneiras de mensurá-las e pense no que terá que fazer para alcançá-las. Você até poderá separá-las em metas profissionais e pessoais.

O mais importante é inserir o endereço de destino! Além disso, como no GPS, deixe-as em local visível. Olhe para elas todos os dias e não perca o foco. Siga em frente, não olhe para trás! Visualize seu objetivo, pois quem anda na rodovia olhando pelo retrovisor prejudica outras pessoas e corre um sério risco de jamais chegar ao destino.

SEJA OTIMISTA E CONTAGIE TODOS A SUA VOLTA

Um pessimista vê dificuldades em todas as oportunidades, mas um otimista vê oportunidades em cada dificuldade.
WINSTON CHURCHILL

É muito comum aos domingos conversarmos com pessoas que dizem: "Puxa vida, que pena! Amanhã é segunda-feira, dia de trabalhar."

De fato, é difícil encontrar pessoas tão animadas em uma segunda-feira. Mas é possível enxergar oportunidades em plena segunda? É claro que sim! A começar pelo seu trabalho, afinal você tem um! É justamente nas segundas-feiras que muitas decisões são tomadas e quem sabe pode ser a promoção que você tanto almeja. É na segunda-feira que estamos mais descansados e, portanto, um dia perfeito para produzirmos mais. Quem sabe é justamente na segunda-feira que você receberá o aumento que tanto deseja!

Mas é claro que essas coisas podem não acontecer.

No entanto, nosso cérebro acredita em tudo que escuta repetidamente! Ele é como uma esponja, absorve e processa tudo. Isso não significa anular a realidade ou desconsiderar as lutas diárias, mas sim acreditar que dias melhores virão e esses dias podem ser segundas-feiras!

Costumo dizer que os pessimistas contaminam, mas os otimistas contagiam! É muito bom ficar perto de pessoas que enxergam oportunidades e estão de bem com a vida. Mas se você permanecer ao lado de pessimistas, será mais fácil tornar-se como um deles! Enquanto os otimistas buscam alternativas, os pessimistas dão desculpas. Afinal, os otimistas enxergam o resultado, mas os pessimistas apenas a dor (talvez a dor de levantar cedo em plena segunda-feira). Em vez de construir relacionamentos, os pessimistas os destroem. É natural que nos afastemos de pessoas que só reclamam da vida, do trabalho, do vizinho, do cachorro, do papagaio, inclusive do barulho quando a oportunidade bate em sua porta! Tais pessoas sofrem da síndrome de Hardy, conhecida pela famosa expressão "Oh céus! Oh vida! Oh azar!".

Enfim, os otimistas fazem as coisas acontecer e não se contaminam com as mensagens negativas a sua volta.

Portanto, não deixe de enxergar o lado positivo da vida, de visualizar as oportunidades mesmo em cada dificuldade. Faça seu trabalho com dedicação. Não se esqueça das histórias de pessoas bem-sucedidas. Elas foram construídas por pessoas que mudaram sua percepção e assumiram uma postura otimista durante sua trajetória.

A escolha é sua! O que você vai escolher?

04

DÊ UM SHOW DE ATENDIMENTO!

As empresas varejistas perdem aproximadamente cinco vezes mais clientes devido ao mau atendimento do que devido aos maus produtos.

CLAUS MOLLER

Você já foi mal atendido alguma vez? Como você se sentiu? Desprezado, ignorado? Pois é, hoje o atendimento ao cliente não é apenas uma necessidade, mas também um diferencial competitivo para qualquer empresa que queira se perpetuar no mercado.

O atendimento tem o poder de levar sua empresa ao sucesso ou ao fracasso. Empresas varejistas perdem aproximadamente cinco vezes mais clientes por causa do mau atendimento do que pelos maus produtos!

Portanto, invista no atendimento ao cliente. Seu cliente é o ativo mais valioso de sua empresa! Como dizia Sam Walton[2], fun-

---

2 Fonte: Up against the Wal-Marts: how yout business can prosper in the shadow of the... - p. 79, 1996.

dador da rede de varejo Walmart, "clientes podem demitir todos de uma empresa, do alto executivo para baixo, simplesmente gastando seu dinheiro em algum outro lugar".

Se você quer se dar bem, diferencie-se pelo atendimento! Não importa se você é vendedor, atendente, gestor, engenheiro, dentista, advogado, etc. Conscientize-se de que clientes bem atendidos geram ótimos negócios!

Costumo dizer que em um mercado cada vez mais competitivo como o nosso, preço e produto todos têm. O diferencial de muitas empresas, como a Disney, por exemplo, é o atendimento ao cliente.

Falando nisso, eu e minha família tivemos a grata satisfação de visitar um dos parques da Disney. Entre tantas coisas que me encantaram, algo me chamou muita atenção: os personagens. Você acha que os profissionais que interpretam o Pateta, a Minnie, o Pato Donald ou o Mickey Mouse vivem dias bons o tempo todo? Claro que não! Mas eles são apaixonados pelo que fazem, sabem administrar os seus problemas e, quando os clientes entram, dão um verdadeiro show de atendimento!

Lembre-se de que, quando o assunto é atendimento ao cliente, todos de sua equipe são importantes! A atenção aos detalhes, o entusiasmo, a proatividade, o conhecimento, a dedicação e tantos outros ingredientes fazem do atendimento ao cliente uma experiência simplesmente fantástica!

Afinal, todos nós somos clientes também. Por isso, ter empatia é fundamental.

Que tal pensar: de que forma você pode surpreender os seus clientes (internos e externos) em seu local de trabalho?

05

SAIA DA ZONA DE CONFORTO

Se você nunca tentar nada além do que já é capaz de fazer, como saberá exatamente do que é capaz?
AUTOR DESCONHECIDO

Afinal, o que é zona de conforto? É o lugar onde nos sentimos bem, confortáveis, a salvo, seguros e tranquilos. Mas isso não é bom?

Na verdade, quando permanecemos em nossa zona de conforto, limitamos nosso potencial, deixamos de experimentar coisas novas e, muitas vezes, deixamos de buscar objetivos desafiadores!

Há alguns meses, li algo muito interessante. O autor do livro dizia que tudo o que queremos está fora de nossa zona de conforto. Pense nos seus objetivos de vida agora, nos seus objetivos profissionais... Você verá que para atingi-los precisará sair da zona de conforto, talvez imprimir mais esforço e às vezes arriscar mais.

Curioso observarmos que muitos psicólogos e especialistas no assunto afirmam que a maioria das pessoas só sai da zona de conforto quando entra em outra fase chamada zona de *stress*! É só quando a coisa aperta que muita gente corre atrás dos seus objetivos, muda sua postura, investe em *networking* e passa a agir. Prova disso são os inúmeros empresários bem-sucedidos que conhecemos. Muitos fundaram as suas empresas após viverem o desgosto de uma demissão. Para eles, a demissão não foi o fim, mas o início de uma história de sucesso. Mas, sem ela (demissão), muita gente não teria coragem de empreender.

Por favor, não interprete isso como um incentivo ao seu pedido de demissão na empresa! Nada de decisões precipitadas. *#ficaadica*

Não espere o *stress* para se mobilizar e testar todo o seu potencial! Faça coisas diferentes, conheça lugares diferentes, pessoas diferentes e seja movido por objetivos desafiadores!

É como se arriscar para conquistar a pessoa amada. Se ficar em sua zona de conforto, dificilmente alguma coisa positiva vai acontecer. No final, você dirá que está "encalhado(a)". Conhece alguém que já disse isso? Pois bem, se não houver iniciativa nada vai mudar.

Lembre-se: tudo o que quer está fora de sua zona de conforto! Portanto, qual é o sonho que você tem postergado? De que forma você pode agir? Quando fará isso?

> **Dica de livro:** *"Jovens com atitude enriquecem mais rápido"*, com Jack Canfield e Kent Healy.

06

MARKETING PESSOAL — A CHAVE DO SUCESSO!

Quem não é visto, não é lembrado.
RENÉ DESCARTES

Muito se fala sobre ele, mas o que é marketing pessoal? É simples entender.

Segundo o consultor de carreira Max Gehringer,[3] "marketing é o conjunto de ferramentas que uma empresa utiliza para fazer com que seus produtos sejam conhecidos, apreciados e comprados. Marketing pessoal é a mesma coisa, no entanto o profissional faz tudo isso em benefício de sua própria carreira".

Entre as várias dicas que encontramos para quem quer investir em seu marketing pessoal, focarei em apenas duas delas: cuidar da imagem e saber trabalhar em equipe.

Pense em você como sendo um produto. Todo produto tem uma embalagem, uma aparência, um cheiro e, é claro, conteúdo.

---

3 Definição expressa em entrevista para o quadro "Emprego de A a Z" do "Fantástico", programa que foi ao ar de 2007 a 2009, na Rede Globo.

Marketing pessoal não é só aparência, mas sem dúvida alguma ela ajuda. Vestir-se bem, cuidar da higiene pessoal, usar roupas bem apresentáveis e que combinem, etc., causam uma excelente impressão, assim como a aparência e a embalagem de um produto. Cuidado com os exageros! Muito perfume, muita cor, roupa muito apertada, por exemplo, podem prejudicar. Não adianta colocar uma roupa bacana e andar como um frango embalado a vácuo. Mal se mexe! Além do bom gosto, deve ser confortável.

Já o conteúdo se refere às suas qualidades, que se traduzem na prática por meio do caráter, de um trabalho bem realizado e de resultados expressivos.

Ao trabalhar em equipe, o profissional coopera sempre, mesmo sem ser solicitado. Mesmo que o problema não seja dele, procura resolver, ajudar e buscar uma solução. Ou seja, ele nunca diz: "Esse problema não é meu! Chame o João!". Ele não é egocêntrico, mas visa ao resultado do time! Desta maneira, ele beneficia seus colegas e a empresa em que trabalha. O ambiente de trabalho fica mais leve e as tarefas são executadas com mais rapidez e eficiência! Quem ganha com isso? Colaborador, empresa e cliente!

Baseando-se nessas dicas, você será facilmente reconhecido pela sua gerência!

Que tal agir agora?

Algo que nao faço e vou começar a fazer: _____

Vou parar de: _____

07

ENCANTE SEU CLIENTE E VENDA SEU PEIXE

Todos vivem de vender alguma coisa.
ROBERT LOUIS STEVENSON

Muitas pessoas acreditam que o ato de vender é algo complicadíssimo e trabalhoso. Outros pensam que é um dom que vem de Deus. Mas poucos entendem que diariamente nos comportamos como vendedores mesmo não sendo profissionais da área.

Vendedores ansiosos e com sede de resultados vivem procurando por uma fórmula mágica que resolva justamente este "problema": "Como conseguirei encantar o meu cliente e, ao mesmo tempo, vender meu peixe?". Quero compartilhar com você uma dica indispensável para o seu sucesso.

Para encantar o cliente, é preciso conhecer o que vende!

Você conhece o que vende? Conhece seu produto ou serviço? Consegue apresentar todos os benefícios desse produto ao seu cliente? Caso você se sinta inseguro para apresentar seus argumentos, não perca tempo! Busque informações, participe de palestras e treinamentos dentro e fora de sua empresa, use a tecnologia ao seu favor! Quando se conhece o que vende, fica muito mais fácil encantar o cliente!

Além disso, faça com que seu cliente tenha contato com o produto (ou imagine-se utilizando um serviço).

Quando vamos a uma feira de frutas e legumes e desejamos comprar uvas, por exemplo, normalmente pedimos gentilmente ao atendente que nos dê o prazer de experimentar ao menos uma. Tal experiência tem um papel importante em nossa decisão de compra.

É claro que se você trabalha com a venda de serviços é bem mais difícil fazer uma demonstração como essa (é impossível degustar um seguro de vida, não é mesmo?). Nesse momento, é importante se colocar no lugar do cliente (empatia) e fazê-lo imaginar usufruindo daquela vantagem, daquele benefício! Mostrar apólice, *folders*, depoimentos, etc., também contribui bastante. Se o produto é tangível, faça com que o cliente interaja com ele tocando, mexendo, manuseando. Lembre-se: quando compramos um carro, queremos primeiro fazer o *test-drive*!

PENSANDO NISSO, REFLITA:

Quem é seu cliente? De que forma você pode tangibilizar o produto ou serviço que oferece? Como você pode fazer algo mais? Quem é referência em seu segmento? O que ele(a) faz de diferente?

Se você quer resultados diferentes, é hora de fazer algo diferente!

08

VENÇA O MEDO DE FALAR EM PÚBLICO

O maior erro que você pode cometer é o de ficar o tempo todo com medo de cometer algum.

ELBERT HUBBARD

Você sabia que pesquisas afirmam que o maior medo da humanidade não é o medo da morte nem o medo de viajar de avião? O maior medo da humanidade é falar em público! Pesquisa realizada pelo jornal *The Sunday* com três mil americanos revelou que o medo de falar em público encabeça a lista, seguido do medo de altura e do medo de insetos. Outra pesquisa realizada na Austrália mostrou que um terço dos entrevistados disse preferir a morte a falar em público!

E você, tem medo de falar em público? O que poucos sabem é que aquele friozinho na barriga logo no início de uma apresentação é algo normal, e ocorre até mesmo com grandes oradores. Após alguns minutos, ele desaparece dando lugar a uma apresentação mais segura. Bom, mas se o friozinho na barriga não some, a voz fica trêmula o tempo todo, as mãos começam a suar e a apresentação fica desestruturada, é um sinal de que você precisa se aprimorar!

Vi e ouvi muita gente se justificando com frases do tipo: "Eu não nasci com este dom." Ora, mas ninguém nasce orador, palestrante, engenheiro, advogado, vendedor, etc. Claro que há determinadas habilidades que já são perceptíveis desde a infância. A genética e o ambiente a sua volta favorecem, mas não são fatores determinantes.

Há pelo menos quatro fatores que resultam no medo de falar em público. Avalie cada um deles e busque o aperfeiçoamento.

1. Falta de conhecimento. Quanto menos conheço sobre o que vou falar, mais medo eu sinto. Dominar o conteúdo a ser apresentado é essencial para vencer o medo de falar em público!

2. Falta de preparo. Viver do improviso é uma péssima ideia! Muitos profissionais são "autoconfiantes demais". Planejamento e treinamento não fazem mal a ninguém. Por isso, treine o que vai falar e apresentar quantas vezes for necessário.

3. Falta de hábito. Se você não costuma fazer apresentações em público, é natural que sinta medo. O medo reduzirá com a prática! Por isso, aproveite todas as oportunidades para praticar.

4. Bloqueio mental. Essa é uma das maiores barreiras e ela se encontra dentro de nossa cabeça. Convença a si mesmo e, somente depois, convença sua plateia!

INVISTA EM SEU *NETWORKING*

Nenhum homem é uma ilha.

TEILHARD DE CHARDIN

Você sabe o que é *networking*?

Networking é a forma moderna de fazer negócios! Esta expressão é a união dos termos em inglês *net*, que significa "rede", e *working*, que significa "trabalho, operação". Ou seja, *networking* consiste em criar e investir em sua própria rede de contatos profissionais e pessoais. Sendo bem feito, é uma arte de construir e manter relações pessoais a longo prazo, visando agregar benefícios para todas as partes envolvidas.

E como podemos investir em *networking*?

Uma das dicas é utilizar corretamente suas redes sociais. Conheça novas pessoas, principalmente de áreas em que você deseja atuar! Aprimore seu perfil no LinkedIn, use de maneira inteligente seu Facebook, Twitter, Instagram, etc.

Hoje em dia, é muito comum empresas acessarem o perfil de um candidato nas redes sociais antes de entrevistá-lo. Por isso, todo cuidado é pouco! O que você anda postando em suas redes sociais? Conteúdo que estimula a violência, discriminação ideológica, racial ou religiosa, palavras de xingamento, brigas em família ou quem sabe fotos daquela última festa que você terminou no chão, com um cachorrinho lambendo a sua boca!?! Pois bem, estas coisas não vão favorecê-lo no processo seletivo.

Há poucos dias, recebi um pedido de conexão pelo LinkedIn. Mal consegui identificar a pessoa! Uma foto do cidadão na cachoeira, sem camisa, atrás de uma queda d'água. Acredito que essa foto não seja apropriada para o LinkedIn, mas para o Face ou Insta, sim. Na descrição do cargo atual, uma frase de efeito, dessas que a gente consegue com uma rápida busca no Google. Que mancada!

E lembre-se: investir em *networking* é colocar-se à disposição. Coopere, ajude, contribua! Se você quer colher excelentes resultados, esteja disposto a contribuir com o crescimento de outras pessoas também!

Mas jamais ignore esta poderosa ferramenta! Ela pode ser justamente o diferencial que você precisa para ter uma carreira de sucesso!

Que tal revisar as suas redes sociais? Repaginar o LinkedIn? Ampliar sua rede de contatos e contribuir com profissionais a sua volta?

10

VOCÊ TEM CONTROLE EMOCIONAL?

Aquele que não é capaz de governar a si mesmo não será capaz de governar os outros.

MAHATMA GANDHI

Como é difícil manter o controle emocional diante de algumas situações, não é mesmo? Principalmente se você trabalha em um banco, em uma loja, ou talvez com telemarketing! Às vezes, fica difícil ouvir reclamações de clientes ou receber cobranças excessivas, por exemplo, e não passar por um momento de descontrole emocional. E quem dirá no trânsito! Motoristas que trocam de faixa e não ligam a seta, espertinhos que querem cortar a fila, furar o sinal vermelho... e por aí vai.

A dica é respirar fundo, ouvir mais e falar menos! Conte até 10 e se preciso até 20. Não fomente a discussão, ouça com atenção, não fique procurando por culpados nem acusando pessoas! Se você deseja crescer em sua carreira, lembre-se que o controle emocional é importantíssimo para qualquer líder! Afinal, quem não é capaz de governar a si mesmo, como será capaz de governar os outros?

Você já teve um gerente descontrolado emocionalmente? Como foi essa experiência? Certamente você tem muitas histórias para contar.

Costumo dizer que os clientes podem ficar descontrolados (não deviam, claro), mas os profissionais que os atendem, não! Claro que não é uma tarefa das mais fáceis, mas é possível!

Na maioria dos casos, o descontrole torna-se visível pelo tom da voz, pelos gestos corporais, expressões faciais, etc. Ao perdermos o controle emocional, também sofremos baixas em nossa capacidade analítica e de raciocínio. Costumeiramente, tomamos decisões erradas e nossas ações se baseiam unicamente nas emoções.

Em síntese, seja na vida ou nos negócios, na maioria das vezes em que agimos com descontrole emocional saímos perdendo!

> As emoções descontroladas podem fazer pessoas inteligentes parecerem burras
> — **Daniel Goleman**

Como um grande amigo meu sempre destaca, você quer ser feliz ou quer ter razão?

Quais são as situações que mais desafiam seu controle emocional? Como você pode superá-las? Se isso ocorrer novamente, o que fará para não perder o controle?

11

ACREDITE EM VOCÊ!

A única coisa real que o impede de alcançar seus sonhos é você.

AUTOR DESCONHECIDO

Você acredita em seu potencial? Aliás, você conhece seus pontos fortes? Tem consciência de seu talento?

Ao longo de minha carreira, já realizei palestras e treinamentos para milhares de pessoas. E nesse caminho presenciei muitos profissionais desacreditados de si mesmos, desmotivados e com baixa autoestima! Quantos desabafos eu já ouvi, do tipo: "Acho que não sirvo pra nada mesmo", "Estou fadado ao fracasso", "Nada dá certo pra mim". Como você já sabe, nosso cérebro acredita naquilo que ouve repetidamente.

Se você pensar que é derrotado, certamente será um! Se disser que não vai conseguir, provavelmente não vai conseguir mesmo!

Você precisa conhecer seus pontos fortes e acreditar que é capaz, que tem talento! Nada de dar ouvidos a pessoas que dizem que você não é capaz. Mesmo que se sinta fraco, diga para si mesmo que é forte e que tem capacidade para alcançar seus sonhos!

Que tal se inspirar em um belo filme sobre autoconfiança? Gosto muito do filme *À procura da felicidade*, com Will Smith. Se você já assistiu a esse filme, vai se lembrar de uma cena em que Chris Gardner (interpretado por Will Smith) jogava basquete com seu filho em uma quadra. Seu garotinho era apaixonado pelo esporte e diz ao pai que quer ser profissional quando crescer. Depois de dar um banho de água fria no sonho do filho e se dar conta do erro que cometeu, Chris afirma:

> *Nunca deixe ninguém te dizer que não pode fazer alguma coisa. Se você tem um sonho, tem que correr atrás dele. As pessoas não conseguem vencer e dizem que você também não vai vencer. Se você quer alguma coisa, corre atrás!*

Inspire-se em histórias de sucesso, como a de Abraham Lincoln! Um homem que faliu várias vezes, que ficou terrivelmente arrasado com a morte de sua noiva, pela qual era perdidamente apaixonado, derrotado várias vezes na política e desenganado por muitos. Lincoln acreditava em seu potencial e sua sequência de perdas e derrotas não o impediram de conquistar a maior das vitórias: tornar-se presidente dos Estados Unidos! Ainda hoje Abraham Lincoln é considerado um dos maiores presidentes que os Estados Unidos já tiveram!

Lembre-se: você pode fazer muito mais do que acha ser capaz! Acredite mais em você e siga em frente!

12

COMEMORE SUAS VITÓRIAS

Sem o fogo do entusiasmo não há o calor da vitória.
PROVÉRBIO CHINÊS

Você tem o hábito de comemorar suas vitórias? Talvez essas vitórias sejam ótimos resultados que você conseguiu neste mês! O importante é desenvolver esse hábito, pois quem não comemora as pequenas conquistas, dificilmente terá prazer em comemorar as grandes vitórias!

Já parou para pensar que o simples fato de estar vivo neste momento é uma dádiva de Deus e um belo motivo para ser grato? Você tem ideia de quantas pessoas estão num leito de hospital neste momento, lutando pela vida?

Pois bem, às vezes a rotina nos consome e não nos damos conta das pequenas vitórias que recebemos diariamente. Precisamos aprender a curtir a jornada, pois a vida é feita de pequenas e grandes conquistas.

Comemore suas vitórias nem que seja com bolacha de água e sal e um suco! Mas faça desta atitude um hábito! E mesmo que você não tenha conseguido o lugar mais alto no pódio, lembre-se de que o próximo mês já está aí e tudo pode mudar!

Infelizmente, o ser humano costuma se lembrar mais das derrotas, dos deslizes, das dificuldades do que das vitórias. Damos mais atenção às perdas e sofremos mais por elas e pouco valorizamos as conquistas diárias.

Você e eu já somos vitoriosos desde nossa concepção! A propósito, fomos o esperma vencedor, não é mesmo?!

Não espere pela grande conquista de sua vida para comemorar. Isto me faz lembrar de Ayrton Senna, o melhor e mais habilidoso piloto de Fórmula 1 que o Brasil já teve até hoje. Ayrton comemorava suas pequenas vitórias, fossem em uma volta classificatória, um grande prêmio ou em um campeonato. Sua energia e seu espírito de conquista contagiaram a nação brasileira, que juntamente com ele comemorou a conquista de três campeonatos mundiais!

Portanto, mire para a Lua e, se você errar, certamente acertará uma estrela! Ao acertar, comemore com seus familiares, amigos, colegas de profissão, etc.

Somente reconhecendo e comemorando as pequenas vitórias seremos capazes de reconhecer e comemorar as grandes!

Reflita: Qual foi sua pequena ou grande vitória de hoje? Como você pode ser grato por isso? Com quem irá comemorar?

13

FAÇA O BEM, SEM OLHAR A QUEM

A vida é um eco. Se você não está gostando
do que está recebendo, observe o que está emitindo.
AUTOR DESCONHECIDO

Como é bom fazer o bem e sentir que ajudou alguém! Sentimo-nos felizes e com a sensação de que contribuímos com a felicidade de outra pessoa! Mas infelizmente sabemos que muita gente só faz o bem se a pessoa que for beneficiada merecer.

Aprendemos com os grandes líderes que quando fazemos o bem, não devemos olhar a quem. Como uma lei natural, receberemos o bem que plantarmos!

Por isso, é preciso ajudar e acreditar que mesmo uma pessoa que errou muito na vida merece mais uma chance de recomeçar!

Meu desafio para você hoje é fazer o bem a alguém! Pode ser um gesto simples, um elogio, uma mão estendida ou compartilhando o que você tem de sobra. Afinal, se você está entregando ou doando algo, é porque tem em abundância!

Nós não somos capazes de mudar o mundo todo, mas podemos mudar o mundo de uma só pessoa!

Portanto, de quem será o mundo que você mudará hoje? De que forma fará isso?

> Sei que o meu trabalho é uma gota no oceano, mas sem ele, o oceano seria menor.
>
> **— Madre Teresa de Calcutá**

Que tal colocarmos esta lição em prática?

Veja abaixo algumas atitudes simples que você pode tomar hoje ou ainda nesta semana. Inspire-se!

1. Fazer um elogio sincero a alguém (trabalho, supermercado, banco, etc.);

2. Dar uma gorjeta para o garçom ou para aquele frentista que sempre te atende bem, com um sorrisão no rosto;

3. Separar aquelas roupas que você não utiliza há muito tempo e doá-las a quem precisa;

4. Dar uma cesta básica de presente para alguém que está atravessando um período de privações;

5. Oferecer uma palavra de ânimo e mostrar que se importa com aquele familiar ou amigo que passa por um momento difícil;

6. Integrar uma comunidade com uma frente social bacana (igreja, bairro, escola, ONG, etc.);

7. Dar um abraço sincero em alguém que está triste ou desmotivado e oferecer apoio.

14

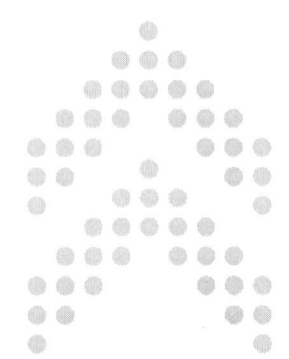

ADMINISTRE MELHOR O SEU TEMPO

Falta de tempo é desculpa daqueles que perdem tempo por falta de métodos.

ALBERT EINSTEN

Já notou que atualmente muitas pessoas reclamam que não têm tempo, que a vida é corrida, que não conseguem fazer nada e que o dia poderia ter 30 horas? Dizem por aí que o dia passa mais rápido!

Mas sabemos que os nossos dias continuam tendo 24 horas, como centenas e milhares de anos atrás. A diferença é que hoje incorporamos em nosso dia a dia uma quantidade enorme de tarefas e informações! E administrar tudo isso é complicado.

Nosso tempo é precioso, por isso devemos ser muito seletivos com o tempo que damos aos outros ou que gastamos com tarefas inúteis. Diariamente, somos "creditados" com 86.400 segundos. Desperdiçamos muito tempo sem perceber, mas certamente seria diferente se colocássemos um cifrão em frente a esses números. Ou seja, se pudéssemos gastar R$ 86.400,00 por dia, seríamos muito mais seletivos!

Portanto, organize suas tarefas em *importantes*, *urgentes* e *circunstanciais*. Essa tríade foi criada pelo especialista em gerenciamento de tempo, Christian Barbosa, e é muito eficaz! Com certeza, você identificará tarefas no seu dia a dia que serão urgentes e devem ser realizadas imediatamente. Cuidado com esta esfera, pois trabalhar o tempo todo com urgências pode gerar muito *stress*! As tarefas circunstanciais são aquelas que roubam nosso tempo e são viciantes, por exemplo, ficar o tempo todo navegando no Facebook, Instagram ou TikTok. Já as tarefas importantes são aquelas que têm um prazo e geram satisfação. Elas devem tomar a maior parte de nosso tempo.

Sendo assim, planejamento, organização e disciplina são fundamentais! Planejar significa pensar antes de agir! Por isso, pense!

Lembre-se de que a forma com que administramos nosso tempo poderá determinar nosso sucesso ou fracasso! Sejam ricos ou pobres, negros, pardos, brancos, brasileiros, americanos, chineses, ingleses... todos têm as mesmas 24 horas, diariamente!

Como você utilizará seu tempo?

Assim como em um banco, invista seu tempo naquilo que é importante e que possa lhe trazer excelentes retornos no futuro. Não postergue coisas urgentes e organize-se! Certamente sua vida será mais equilibrada e seus resultados serão expressivos!

Dica de livro: *A Tríade do Tempo*, com Christian Barbosa.

15

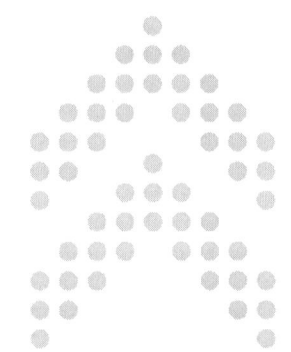

ELOGIE!

Podemos nos defender de um ataque,
mas somos indefesos a um elogio.

SIGMUND FREUD

Você gosta de receber elogios? Como você se sente?

Não conheço uma pessoa que não goste de receber um elogio. Claro, desde que seja sincero!

Pesquisas revelam que um elogio sincero é capaz de mudar o dia de uma pessoa! Aumenta a autoestima e a produtividade, valoriza a pessoa que o recebeu e produz satisfação!

Por que isso ocorre? Porque um elogio sincero é uma forma de reconhecimento e produz excelentes resultados! Ele também é conhecido como remuneração psíquica. Muitas vezes, ele é mais valorizado do que recompensas financeiras.

E você, tem reconhecido os talentos em seu time? Tem reconhecido os talentos que trabalham com você? Qual foi a última vez que você fez um elogio sincero a um funcionário seu, amigo ou familiar?

Pensando nisso, quero compartilhar com você três dicas:

1. **Elogie com sinceridade.** Nada de forçar a barra ou de subjetividade. O elogio que revela sinceridade vem acompanhado de especificidade.
2. **Elogie rápido.** Não espere uma semana para elogiar uma atitude. Elogios rápidos são mais estimulantes e assertivos.
3. **Elogie sem esperar algo em troca.** Não utilize o elogio como ferramenta para obter alguma vantagem. Simplesmente reconheça o talento ou atitude de alguém e a presenteie com um elogio. Não espere algo em troca. Lembre-se da sinceridade e naturalidade.

Portanto, proponho a você um desafio: procure três pessoas hoje e faça três elogios sinceros! Com essa simples atitude, você será capaz de mudar o dia de uma pessoa e criar um clima agradável em seu ambiente de trabalho ou até mesmo em casa!

> Nenhum elogio é pequeno quando
> a carência é gigante.
> **— Autor desconhecido**

Vamos a ação?

Meu 1º elogio vai para ....

Motivo: ....

Siga a mesma estrutura acima para o 2º e 3º elogios.

16

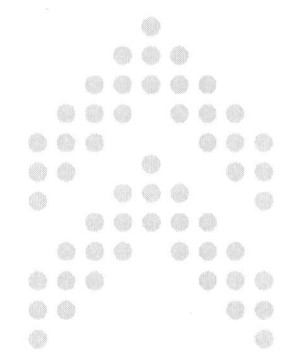

BUSQUE SUA INDEPENDÊNCIA

A maioria das pessoas não planeja fracassar, fracassa por não planejar.

JOHN L. BECKLEY

E você, já parou por um instante hoje para pensar em seu futuro? Que tal fazermos isso neste momento?

Independência nada mais é do que o estado de quem goza de autonomia e liberdade. Está ligada à emancipação, ao desprendimento, à qualidade de ser livre e de não depender de ninguém.

Quando falamos sobre independência financeira, talvez pensemos em um empresário muito rico ou em alguém que investiu seu dinheiro para obter retornos financeiros expressivos. Se você que está lendo esta dica é um jovem ou adolescente, talvez esteja pensando no momento em que começar a trabalhar para ter seu próprio dinheiro e não depender dos seus pais.

Mas essa dica vale para todas as idades: quanto você tem poupado hoje para no futuro colher resultados e manter um bom padrão de vida? Quanto você tem investido hoje visando ao seu futuro e ao futuro de sua família?

Uma pesquisa realizada pelo Banco Mundial em 2018 aponta que apenas 11% da população brasileira poupa algum dinheiro pensando no futuro. Trata-se do pior índice das Américas e um dos mais baixos do mundo.

A falta de planejamento e a procrastinação são elementos que infelizmente estão enraizados em nossa cultura. Claro que muita coisa pode mudar com a implantação de disciplinas sobre educação financeira em nossas escolas. Mas até que este sonho se realize, precisamos mudar nosso *mindset* (mentalidade) e falar mais deste assunto com nossos pais, irmãos, filhos, amigos. A mudança que queremos no mundo começa em nós mesmos!

Gostaria que durante esse dia você pensasse um pouco sobre isso. Quanto mais cedo você começar a poupar e investir, mais chances terá de alcançar a independência financeira e a qualidade de vida tão desejadas! Dedique um tempo ainda hoje para pesquisar um pouco mais sobre alternativas de investimento tanto para o médio como para o longo prazo. Leia artigos, livros, converse com pessoas que atuam nesta área ou, quem sabe, inscreva-se num curso que aborde estes temas.

Enfim, faça o dinheiro trabalhar para você! Converse sobre isso com sua namorada, seu namorado, sua noiva, seu noivo, seu esposo. Enfim, planeje-se! A independência financeira depende de atitudes assertivas que você toma hoje!

FEEDBACK VERSUS FEEDFORWARD

Para apontar caminhos de desenvolvimento para uma pessoa, ainda não descobri nada mais rápido, barato e eficaz do que um bom feedback.

JOÃO CARLOS ROCHA

Feedback é uma palavra inglesa que significa realimentar. Esta capacidade de dar ou receber críticas, opiniões ou sugestões sempre está ligada a um fato passado (por isso *back*, que se refere a trazer de volta algo que já aconteceu, algo do passado). Alguns profissionais afirmam, equivocadamente, que basta uma crítica ou um elogio para dizer que se trata de um *feedback*.

Já o *feedforward*, termo ainda pouco conhecido no Brasil, se refere a uma ferramenta que, em muitos casos, complementa o *feedback*. Enquanto no *feedback* o foco está no passado, o *feedforward* foca o futuro. Ou seja, o *feedforward* olha para frente com vistas a promover o desenvolvimento de competências necessárias ao indivíduo.

Algumas empresas adotaram o *feedforward* como ferramenta de desenvolvimento, focando em objetivos de carreira de seus profissionais. O colaborador é levado a pensar nas metas e oportunidades futuras e no que é preciso fazer para chegar lá. Veja que este conceito está muito ligado ao *coaching*.

Cabe destacar que o processo de *feedback* precisa ser bem conduzido, caso contrário, poderá ser encarado como um "puxão de orelha" ou como ferramenta para críticas pessoais sem fundamento. Como no *feedforward* o foco está no futuro, este risco de falhas ou sentimentos pessoais é reduzido.

Costuma-se afirmar que existem vários tipos de *feedback*, como o *feedback* positivo, o negativo, o insignificante (que não agrega nada, vago) e o ofensivo, quando a imagem e reputação de quem o recebe é atacada.

Veja algumas dicas para ser mais assertivo nos *feedbacks*:

1. **Faça em particular.** Elogio é em público, mas *feedback* deve ser dado em particular;

2. **Cuidado com suas percepções.** Nem sempre o que parece, é de verdade. Pense antes de agir e analise profissionalmente a situação;

3. **Tenha um método.** O mais conhecido é o método "sanduíche" ou PNP (Positivo, Negativo, Positivo). Ou seja, primeiro busque algo positivo (talvez um elogio), depois aponte os erros ou os acertos e termine de forma positiva, incentivando a mudança de atitude.

Lembre-se: o *feedback* e o *feedforward* são excelentes ferramentas para você desenvolver seu colaborador!

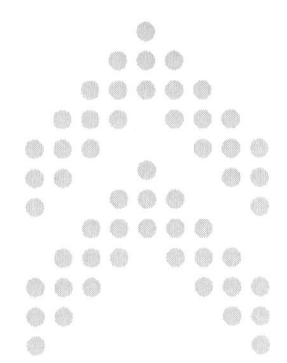

ADMINISTRE A SUA CARREIRA

O sucesso não nasce. Ele é criado!
AUTOR DESCONHECIDO

Minha pergunta é: como você tem administrado a sua carreira? Como tem construído o seu sucesso? Lembre-se de que o sucesso não nasce pronto. Ele é criado!

Confesso que conheço muitas pessoas que vivem reclamando da vida, que ganham pouco, trabalham naquilo que não gostam. E a pergunta que sempre vem em nossa mente é: como elas podem mudar esta situação?

Não estou dizendo que este seja seu caso, mas é apenas uma reflexão de que nós não só podemos, mas devemos administrar nossa carreira.

Dentro deste contexto, pergunto: onde você quer estar daqui a cinco anos? Que função quer ocupar? Quanto quer ganhar? Onde quer morar?

Este é o cenário desejado e cabe a você planejar suas ações para chegar lá! Que curso você precisa fazer? Quais idiomas precisa aprender? Que pessoas atuam na função que você quer exercer? Já conhece essas pessoas?

Sucesso não nasce pronto, ele é construído por meio de ações estratégicas ao longo de nossa vida. Não queira com pouco esforço obter a máxima recompensa!

Quem me vê ministrando um treinamento ou palestra pode achar que foi fácil chegar até aqui. Estão totalmente equivocados. Até descobrir minha verdadeira vocação foram muitos anos de trabalho duro (não que hoje seja moleza, é claro)! Longos períodos de estudo, muitas portas fechadas e obstáculos que pareciam intransponíveis. Ouvi muitas palavras negativas ao longo desta jornada. Aos 19 anos, eu não morava com os meus pais, trabalhava de dia, estudava à noite, comia miojo no almoço e pão com açúcar e água à noite. Emagreci muito, ficava doente constantemente, não tinha um tostão para sair à noite e comer um lanche com os meus amigos.

Tempos difíceis, mas que não foram capazes de tirar o meu objetivo de vista.

> O único lugar onde o sucesso vem
> antes do trabalho é no dicionário.
> **— Albert Einstein**

Portanto, hoje é o dia de você assumir o controle de sua carreira! Quais são os seus objetivos? Onde você quer chegar? O que você faria com o maior prazer sem ganhar um tostão sequer?

Mexa-se! Não espere pelo sucesso. Crie-o!

19

NEUTRALIZE OBJEÇÕES

As pessoas não gostam que você venda para elas.
Mas lembre-se de que elas adoram comprar.

JEFFREY GITOMER

Entre os vários desafios de um profissional de vendas durante o atendimento ao cliente, sem dúvida alguma o momento crucial, e para alguns o mais tenso, é a negociação.

Conheci vendedores que não suportavam ouvir uma objeção, ou seja, uma negativa do cliente. Já presenciei pessoas perdendo totalmente o rumo em uma mesa de negociação.

Mas lembre-se de que as objeções são normais. Estima-se que elas apareçam em mais de 92% das vendas! Costumo dizer em minhas palestras e treinamentos que, assim como na paquera, as objeções são normais e devem ser superadas.

Portanto, como podemos neutralizar uma objeção? Tenho várias dicas e quero compartilhar uma delas: faça uma pergunta aberta ao seu cliente! Quando ouvir "Não vou levar! Não quero!", pergunte com tranquilidade o porquê ou qual dúvida o(a) cliente tem sobre o produto/serviço. O cliente terá que fundamentar sua resposta. Ouça com atenção e formule os argumentos necessários para o fechamento.

Talvez, no decorrer do processo, alguma dúvida tenha surgido! Ao fazer uma pergunta direcionada, o cliente precisará obrigatoriamente dar uma resposta mais explicativa e é justamente com base nessa resposta que você buscará a solução para o fechamento da venda.

Aliás, se você tem filhos pequenos, já se acostumou com isso. Quando você diz "Hoje papai (ou mamãe) não vai comprar" e logo em seguida ouve a pergunta "Por que não, papai (mamãe)?", você acaba de ser encurralado e precisa pensar em uma resposta consistente!

Ah, os benditos porquês...

Certo dia, minha filha, ainda com os seus 10 aninhos, me pediu algo num shopping. Quando eu disse "Hoje papai não vai comprar", ela me respondeu: "Por que pai?". Disse a ela que eu não havia levado dinheiro e que era muito caro... Sabe o que ela me disse? "Pai, mas você tem cartão de crédito! Dá pra dividir em 10 vezes sem juros!" Até parece que ela já havia lido esta dica...

Não perca o controle ao ouvir uma objeção. Não saia tagarelando argumentos sem fundamento. Faça uma pergunta aberta e somente depois de entender a negativa utilize bons argumentos.

Que tal fazer um teste hoje mesmo?

20

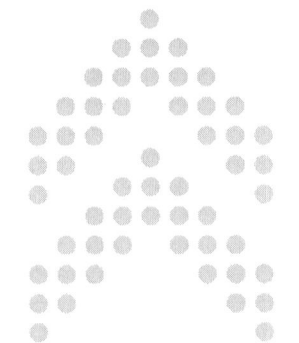

SEJA UM LÍDER DE ALTA PERFORMANCE E NÃO UM CHEFE!

Não se é líder batendo na cabeça das pessoas — isso é ataque, não é liderança.
DWIGHT EISENHOWER

Martin Luther King Jr. foi um pastor evangélico, negro, nascido em 1929 nos Estados Unidos. Ele foi um importante defensor dos direitos para negros em sua nação. Desde menino, ele teve de enfrentar a discriminação racial, enraizada também nas escolas. Brancos e negros não podiam sequer estudar juntos e anos mais tarde negros tinham que dar seu lugar no ônibus para brancos, caso estivesse lotado.

Milhares de pessoas foram inspiradas por ele, um homem formidável, incansável e um importante líder de movimentos sociais em sua época. É dele o famoso discurso *I have a dream*, ou seja, "Eu tenho um sonho", e também da seguinte frase:

Se não puder voar, corra.
Se não puder correr, ande.
Se não puder andar, rasteje, mas continue
em frente de qualquer jeito.

Psiu, e você? É um líder ou um chefe? Por que as pessoas te seguem? Por medo ou por sua influência positiva na vida delas?

Ainda hoje, muitas pessoas confundem a figura do chefe com a do líder! Mas pense comigo agora...

Enquanto o chefe inspira medo, o líder gera entusiasmo! Enquanto o chefe diz "eu", o líder diz "nós" e, muitas vezes, assume a responsabilidade por problemas ocasionados por sua equipe. Enquanto o chefe culpa pelas falhas, o líder as corrige. O chefe usa as pessoas, mas o líder as desenvolve!

Seja esta pessoa! Deixe o seu legado!

Não pense que os resultados que você consegue no curto prazo, agindo como chefe, são sinônimos de sua competência. Podem ser resultados alcançados por meio da ameaça e do medo. Líderes autoritários ou autocráticos não conseguem resultados a médio e longo prazo porque a equipe se cansa e para de produzir, principalmente se for uma equipe madura. Isso não significa que líderes não devem cobrar resultados. Claro que devem! Mas "como cobrar" é tão importante quanto "o que cobrar".

Lembre-se: o que você faz fala mais alto do que qualquer palavra ou discurso que profere!

Inspire-se em histórias como a de Martin Luther King Jr.! Influencie seu time e lidere pelo exemplo! Os resultados virão naturalmente.

21

VOCÊ É MOTIVADO?

Todos nós temos em nosso coração uma chama que arde por algo. O objetivo de nossa vida é encontrá-la e mantê-la acesa.

MARY RETTON

Você já encontrou esta chama que arde em seu coração? Não estou falando da chama da paixão, mas sim da chama da motivação!

Frequentemente, as pessoas confundem motivação com euforia.

Segundo sua etimologia, a palavra MOTIVAÇÃO deriva do vocábulo MOVERE, em latim, que significa mover para realizar determinada ação.[4] Sendo assim, o que o motiva a agir e a trabalhar com entusiasmo e determinação?

Em se tratando de carreira, nós precisamos descobrir qual a atividade que faz nosso coração bater mais forte. Trabalhar no que ama torna as coisas mais leves e gera satisfação!

---

4 Disponível em <http://www.administradores.com.br/artigos/a-origem-da--motivação>.

Com frequência, ouvimos falar de histórias de motivação. De pessoas que transformaram o fracasso em vitória, a perda em ganho, a dor em satisfação. Que tal você se inspirar em uma delas?

Gosto muito da história do australiano Nick Vujicic. Ele nasceu sem braços e sem pernas por causa de uma síndrome rara. Nick enfrentou muitos desafios além da limitação física. Entre eles, o *bullying* que sofria na escola em que estudava. Isso quase o levou a uma depressão profunda. Mas aos 21 anos ele já havia conquistado dois importantes diplomas, um de contabilidade e outro em planejamento financeiro. Movido pela paixão em ajudar jovens com problemas de autoestima, Nick se tornou um dos palestrantes mais conhecidos do mundo! Sua história e seus livros são fontes de inspiração para milhares de pessoas.

Sim, Nick encontrou um motivo, real, desafiador e inspirador!

Portanto, cuidado para não entrar num círculo vicioso e deixar de ter motivo para trabalhar e/ou até para viver! É agindo assim que muitas pessoas não conquistam nada na vida, vivem reclamando de tudo e, por vezes, algumas caem em depressão!

Estabeleça objetivos claros e siga em frente!

Parafraseando a declaração de Cheshire, personagem do clássico *Alice no país das maravilhas*: "Quem não sabe aonde quer chegar, qualquer lugar serve!"

22

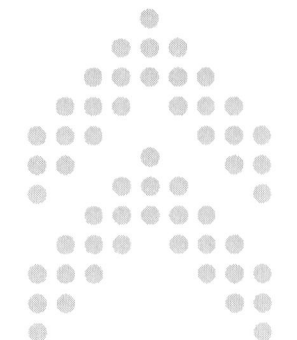

NÃO SE COMPARE!

Muito mais importante do que ter o que
o outro tem é ser uma pessoa de valor.

WAGNER OLIVEIRA

Um dos maiores erros que você pode cometer na vida é ficar o tempo todo se comparando com alguém. Quer alguns exemplos? "Olha só o emprego que eu tenho, mas olha o emprego que ele tem", "Veja só quanto eu ganho, mas veja quanta ela ganha", "Olha só minha casa, meu carro, minha família, minha vida, mas veja só a família dele e tudo o que ele tem".

Atualmente, estas atitudes têm se tornado cada vez mais comuns. Existem pessoas que acompanham as redes sociais de outra não para curtir suas postagens, mas para compará-las e até mesmo invejar a vida que o outro tem. Vivendo dia a dia o vício da comparação, muita gente compra o que não precisa, com o dinheiro que não tem para mostrar para quem não gosta!

Inspirar-se em pessoas de sucesso é muito bom, mas ficar o tempo todo comparando a sua vida com a dela traz muitos prejuízos. Como já afirmou Bill Gates:

Não se compare com ninguém. Se você assim o fizer, estará insultando a si mesmo.

Não fique se perguntando se você é tão bom quanto a outra pessoa. Pelo contrário, pergunte a si mesmo se você é tão bom quanto poderia ser. Muito mais importante do que ter o que o outro tem é ser uma pessoa com princípios e valores! Quanto mais você se compara com o outro, mais revela sua baixa autoestima e canaliza suas energias naquilo que é efêmero.

Paulo Vieira, escritor, palestrante e *master coach*, apresenta uma pirâmide de crenças que dão significado e forma ao indivíduo. Gostaria de finalizar esta dica com essas crenças, pois elas fazem total conexão com o tema apresentado.

1. **Crença do Ser** (*identidade*). Quem é você? Quais são os seus princípios, seus valores? É sobre essa base que toda a sua vida será construída.

2. **Crença do Fazer** (*capacidade*). Diz respeito àquilo que você é capaz e pode fazer. Tem conexão com os seus talentos, suas habilidades e seu poder de realização.

3. **Crença do Ter** (*merecimento*). Porque eu sou e porque faço o que faço, sou merecedor do que tenho!

Canalize suas energias naquilo que é importante em sua vida e não em coisas passageiras e temporais. Qual é o primeiro passo? **Não se compare!**

Dica de livro: "*O poder da ação*", com Paulo Vieira.

DELEGUE E NÃO "DELARGUE"

Delegar é contribuir com o desenvolvimento das pessoas. "Delargar" é livrar-se de responsabilidades.

WAGNER OLIVEIRA

Se você exerce uma posição de liderança em sua organização, sabe que delegar é conferir a alguém o direito de agir em nome de outro. É confiar uma tarefa a outra pessoa e, claro, contar com a entrega dos resultados desejados.

O problema é que muita gente não delega, "delarga"! "Delargar" é livrar-se das responsabilidades e empurrar o problema ou a tarefa para outra pessoa! Quem "delarga" não dá prazos, orientações, não se mostra disponível e nem está disposto a treinar o funcionário.

Portanto, para uma delegação eficaz é preciso se atentar a alguns passos:

1. **Seleção e comunicação.** Selecione a tarefa a ser delegada (analise se de fato ela pode ser delegada) e depois selecione o colaborador que a executará. Cuidado para não delegar sempre para a mesma pessoa, pois além de sobrecarregar um funcionário, desmotiva os outros. Somente depois comunique claramente o que deve ser feito e o prazo estabelecido. Lembre-se de que comunicação não é o que você fala, mas o que o outro entende.
2. **Compreensão.** Cheque a compreensão do colaborador e observe se ele entendeu claramente o que foi delegado. Peça opiniões e garanta que todas as ferramentas necessárias para a execução da tarefa estarão disponíveis.
3. **Progresso.** Monitore a execução da atividade. Não significa ficar perguntando a todo instante pela tarefa, mas sim acompanhar sua execução (mesmo que a distância, por intermédio de um relatório ou e-mail, por exemplo), a fim de garantir que a entrega atenda às expectativas.
4. **Elogio.** Se a tarefa foi executada e os objetivos foram atingidos, parabenize, elogie! Essa atitude estimula a prática! Se os resultados não foram satisfatórios, verifique onde a falha aconteceu e trabalhe o *feedback*. Lembre-se de que a maior responsabilidade continua sendo sua.

Agindo desta maneira, você alcançará os resultados que almeja e certamente desenvolverá sua equipe!

24

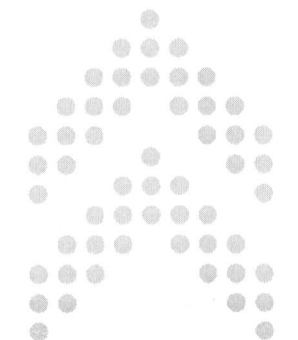

COMUNIQUE-SE ASSERTIVAMENTE

Comunicação é sempre uma via de duas mãos.
O problema é que sempre estamos na contramão.
ANTÔNIO FRANCISCO

Segundo sua etimologia, a palavra "comunicação" vem do latim *COMMUNICARE*, que significa "tornar comum". Portanto, uma comunicação eficaz é aquela que, necessariamente, apresenta uma mensagem clara e facilmente compreendida por todos os agentes envolvidos.

Lembro-me de uma ocasião interessante... Eu trabalhava em uma grande empresa varejista como coordenador de treinamentos comerciais. Atuava em uma região do interior do Estado de São Paulo, compreendendo 29 unidades. Uma das tarefas mais importantes de meu trabalho era visitar cada unidade. E geralmente eu não cumpria essa tarefa sozinho. Éramos uma equipe: coordenador de treinamento, supervisora administrativa, supervisora de *layout* e nosso gestor regional. Em uma destas visitas, fomos a uma unidade de Mogi das Cruzes, minha cidade natal. Cada um de nós era responsável por diagnosticar os problemas de sua área e propor soluções ao gerente da loja e para sua equipe. Durante essa visita, notei meu gestor fazendo um pedido importante a um vendedor. Ele dizia: "Preciso da Cândida! Encontre a Cândida para mim, por favor." Ora, Maria Cândida era o nome da supervisora de *layout*. Vejo então o vendedor disparar e voltar após cinco minutos, feliz da vida, com um litro de água sanitária nas mãos. Ele dizia: "Senhor, com licença. Aqui está a cândida." Quando presenciamos a cena, logo caímos na risada! O motivo é simples: em São Paulo, água sanitária também é chamada de cândida.

Aquilo que é comum para você pode não ser comum para o outro.

Cabe também destacar a importância da comunicação não verbal. Você sabia que, segundo o autor americano Robert Watson, nós formamos uma opinião a respeito de alguém baseados 55% no aspecto visual, 38% na maneira como a pessoa fala e apenas 7% no conteúdo que é dito? Sabe o que isso nos mostra? Que precisamos ficar atentos a nossa comunicação, alinhando nossa linguagem corporal (comunicação não verbal) ao que dizemos (comunicação verbal)! Pode ser que sua boca esteja dizendo uma coisa, mas o corpo, outra!

Portanto, fique ligado nestas duas dicas:

1. **Torne sua mensagem comum**, clara e compreensível, seja por qualquer meio (presencial, e-mail, telefone, etc.). Nem tudo o que é claro para você é claro para o outro.

2. **Não entre na contramão da comunicação.** Alinhe sua linguagem verbal à não verbal e gere credibilidade!

25

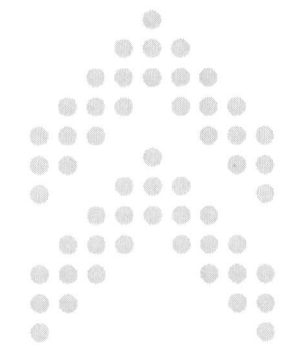

NEGOCIE COM ÉTICA

Não se comprometa a fazer o que não é capaz,
mas preocupe-se em manter sua promessa.

GEORGE WASHINGTON

Você tem sido ético em suas negociações e em suas relações sociais?

Aliás, você sabe o que é ética? Ética diz respeito a um conjunto de princípios morais que se devem observar no exercício de uma profissão. Segundo Mário Sérgio Cortella, filósofo brasileiro, ética se refere a "princípios e valores que norteiam o comportamento humano". Segundo ele, é esse conjunto de princípios e valores que utilizamos para responder a três grandes questões da vida: (1) quero? (2) devo? (3) posso? E quando falamos sobre negociação, a ética é um ponto essencial!

Quero lhe fazer uma pergunta: você, como cliente, já foi enganado alguma vez? Já lhe prometeram alguma coisa que não puderam cumprir? Como você se sentiu? Assim como você, também já passei por isso!

Há muito tempo, na visão de muitos profissionais, o uso da ética em negociações era facultativo. Ora se usava, ora não se usava. Hoje é um requisito fundamental!

Portanto, evite dar qualquer tipo de informação exagerada ao seu cliente acerca da qualidade, características ou prazos do produto ou serviço que está sendo vendido. Fale apenas se tiver certeza. Prometa somente se puder cumprir. Seja verdadeiro em suas argumentações.

Costumo dizer que é melhor perder uma venda do que perder um cliente e a sua própria dignidade.

E não cabe apenas ao profissional de vendas trabalhar com ética, mas também todo e qualquer profissional.

Pessoas antiéticas têm o caráter manchado! Segundo Bill Hybels, pastor estadunidense, "ter caráter é ser quem você é quando ninguém está olhando".

Para não restar dúvida, faça a si mesmo estas três grandes perguntas: *Quero? Devo? Posso?*

Nem tudo o que quero eu posso, nem tudo o que posso eu devo e nem tudo que eu devo eu quero.
Mário Sérgio Cortella

Sem dúvida, este será um exercício interessante.

26

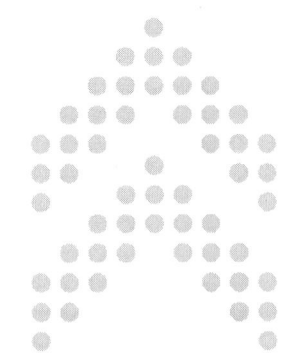

QUEM É VOCÊ: ESPECTADOR, ATOR OU AUTOR?

É hora de assumir 100% das responsabilidades de sua vida! Você não é capaz de mudar a direção do vento, mas pode mudar a direção que a sua vida tem tomado.

AUTOR DESCONHECIDO

Em que direção você tem caminhado? Você tem sido um espectador de seu próprio destino? Hoje é o dia de mudar!

Você sabia que em nosso calendário temos um dia dedicado ao teatro? Nada mais justo, não é mesmo?

Mas quando penso em teatro, logo penso na vida. Em toda peça de teatro, vemos pelo menos três tipos de pessoas: os espectadores, os atores e um autor!

E não é assim também com a nossa vida?

Há pessoas que passam toda a sua existência vendo a vida passar. Sentam à beira da estrada e contemplam sossegadamente as oportunidades passarem. Essas pessoas são apenas espectadoras. Às vezes aplaudem, às vezes criticam. Mas estão sempre no mesmo lugar e são mais um em meio à multidão!

Outras pessoas se comportam como verdadeiros atores! Fingem que são, mas não são! Assumem um papel, uma personalidade que não é a sua. Trabalham a vida toda com algo que não gostam de fazer, mas estão lá, apenas fazendo um papel. Vivem uma dupla identidade e enfrentam constantes frustrações e desânimo. Torço para que você não seja um deles!

Mas há pessoas que decidem assumir as responsabilidades de sua vida. Não culpam os outros por algo errado e não transferem responsabilidades. Essas pessoas são os autores. Com a ajuda e direção de Deus, elas são protagonistas e decidem escrever a sua própria história! E o melhor, isso é possível.

Chega de ficar vendo a vida passar ou assumindo um papel apenas para agradar a outros. Deixe essa vida de "faz de conta" e escreva a sua história!

Imagine que hoje você acaba de receber um papel todo em branco. É hora de recomeçar e escrever uma nova história! Assuma esta responsabilidade.

Ei, psiu! O que você vai escrever aí?

27

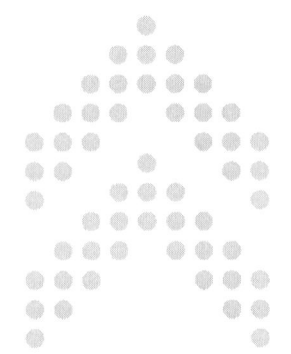

CULTIVE RELACIONAMENTOS

Existem amigos mais chegados que um irmão.

REI SALOMÃO

Você tem muitos amigos? Espero que sim! Afinal, existem amigos que são mais chegados que um irmão!

Ao longo de nossa vida, precisamos desenvolver relacionamentos. É verdade que às vezes ficamos surpresos ao descobrirmos a qualidade das nossas amizades, principalmente quando enfrentamos um momento difícil, uma fase de turbulência, uma crise financeira. Mas isso não é desculpa para não cultivar amizades.

O ser humano é um ser social. Se pensarmos bem, desde nossa tenra infância já éramos inseridos em grupos sociais e interagíamos com outras pessoas, influenciando e sendo influenciados. Escolhemos muitos dos nossos amigos e outras relações ocorreram devido a inúmeras circunstâncias. Além disso, todo ser humano tem uma constante necessidade de se comunicar. E foi assim que surgiram a escrita e todas as outras invenções tecnológicas que possibilitaram essa troca de informações e interatividade. Desde a nossa concepção (partindo do pressuposto criacionista e da teoria do Design Inteligente), fomos estimulados a conviver com outras pessoas.

As amizades foram e sempre serão importantes! "É impossível ser feliz sozinho", diz o trecho de uma música de Tom Jobim, o que faz do isolamento uma atitude muito perigosa e nociva, afetando nossa saúde física, emocional, mental, social e espiritual.

Por isso, quero lhe fazer um desafio! Reúna seus melhores amigos neste fim de semana! Ligue para aquele(a) amigo(a) com quem você não conversa há muito tempo. Pergunte como ele(a) está! Crie um grupo de superamigos no WhatsApp ou no Facebook. Recentemente, eu tomei esta iniciativa e criei um grupo no WhatsApp com os melhores amigos da época do "terceirão" (ensino médio). Vinte anos depois, quantas histórias, risadas e lembranças. Coisa boa demais!

Esteja disponível, presente, mesmo que do outro lado da linha, do celular ou do computador. Use a tecnologia a seu favor.

Se quisermos ser lembrados por alguém, devemos ser os primeiros a nos lembrar dos outros!

Amizades sinceras fazem bem para a alma!

Vamos à prática?

Anote aqui o nome de três amigos com quem você fará contato ainda nesta semana.

28

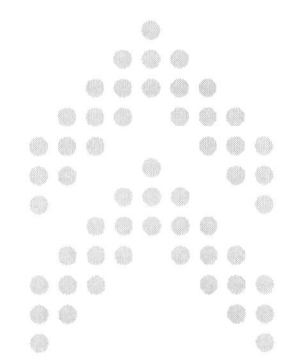

FAÇA *BENCHMARKING*

Fazer *benchmarking* é comparar para crescer.

PRISCILA SOUZA

Sua empresa faz *benchmarking*? Você conhece as vantagens desta ferramenta para sua organização?

Este termo é amplamente difundido, mas existem muitas interpretações equivocadas sobre esta prática.

Benchmarking se refere a um processo que visa identificar as melhores práticas em determinada área ou empresa, com o objetivo de aperfeiçoá-las e conseguir, por meio das mudanças implementadas, um desempenho melhor. É um processo de comparação e um importante instrumento de gestão para as empresas. Ao contrário do que muitos pensam, *benchmarking* não é copiar o concorrente nem mais uma moda que inventaram nas empresas. Afinal, essa prática remonta à década de 1970!

Benchmarking é um processo bem estruturado com o qual se obtém informações valiosas que podem contribuir para a melhoria dos processos de uma organização. Portanto, além do grande aprendizado, abre-se um leque de oportunidades de melhoria para as organizações.

Costuma-se dividir o *benchmarking* em três tipos:

1. **Interno.** A comparação se dá entre departamentos da mesma empresa ou com empresas de um mesmo grupo. Neste caso, as práticas de uma empresa não são comparadas com as de seu concorrente.

2. **Competitivo.** Aqui, sim, a comparação de produtos, serviços e práticas de trabalho se dá entre empresas concorrentes. Pode até parecer estranho, mas esta prática é comum hoje em dia. É claro que algumas regras são pré-estabelecidas, dependendo das estratégias que serão observadas.

3. **Genérico.** É também conhecido como multissetorial. Aqui a comparação se dá entre empresas de ramos distintos. O foco é estudar práticas que funcionem em um determinado departamento, por exemplo, e que podem ser adotadas pela outra empresa.

Em linhas gerais, o *benchmarking* é uma excelente ferramenta para gestores e administradores e deve ser conduzido de maneira bastante profissional, com um processo bem estruturado e etapas cuidadosamente definidas.

Como bem destacado por Priscila Souza, coordenadora de instrumentos de gestão do Instituto Euvaldo Lodi, de Santa Catarina, "fazer *benchmarking* é comparar para crescer".

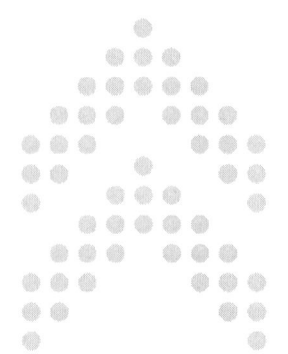

VOCÊ AMA O QUE FAZ?

Encontre um trabalho que ama e você nunca mais trabalhará um dia sequer em sua vida.

CONFÚCIO

Você ama o que faz? Você tem prazer em acordar cedo e ir para seu trabalho? Tem prazer de contar para as outras pessoas o que você faz?

Esta é uma das marcas dos profissionais altamente motivados. Eles são completamente apaixonados pelo que fazem! E às vezes o amor é tanto pela função que seu próprio trabalho é encarado com *hobby*! Certamente você deve conhecer alguém que fez de seu *hobby* a sua profissão!

Mas se você disser: "Wagner, não trabalho no que gosto. O que eu faço?"

Acalme-se, pois existe uma solução!

Em **primeiro lugar**, especialize-se na área em que deseja atuar. Sim, é preciso estudar! Nada de dizer que não tem mais idade para isso, que não tem tempo, que para atuar na área desejada não são necessários certificados e/ou especializações. O certificado em si não significa muito, mas os conhecimentos que você ganhará significam!

Em **segundo lugar**, amplie sua rede de contatos e procure pessoas que já trabalham com aquilo que você pretende trabalhar. A troca de ideias será muito importante, pois proporcionará uma visão mais abrangente de seu futuro trabalho, como ganhos, oportunidades, desafios, etc. Pode ser que você até mude de ideia e decida trabalhar em outro ramo!

Em **terceiro e último lugar**, tenha paciência e persistência. Nem tudo são flores! Pode ser que demore muito até que você consiga trabalhar e viver do que gosta, mas não desista! Caso consiga uma oportunidade para estagiar na área, ótimo! Aos poucos você conquistará seu espaço e a chance de efetivação será uma excelente oportunidade!

Sendo assim, não tire os olhos de seu objetivo!

Trabalhar no que gosta fará de você uma pessoa muito mais feliz e motivada!

Que tal refletir um pouco sobre isso?

- ✓ **Ponto A.** Onde estou? O que faço hoje?
- ✓ **Ponto B.** Onde quero chegar? O que quero fazer?
- ✓ **Ação.** O que eu preciso fazer para sair do ponto A e chegar ao ponto B?

30

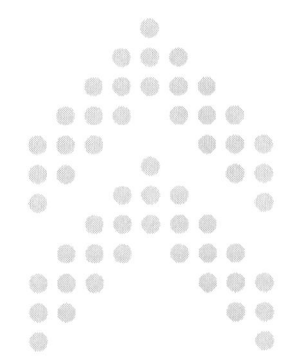

NÃO FIQUE PARALISADO(A) DIANTE DOS PROBLEMAS. ENCONTRE SOLUÇÕES!

Não encontre defeitos, encontre soluções.
Qualquer um sabe queixar-se.
HENRY FORD

Problemas, problemas e problemas... Afinal, quem não tem problemas? Todos têm e todas as empresas também! Mas cada um de nós reage de uma maneira diferente diante deles.

Há pessoas que ficam paralisadas e não sabem o que fazer! Ficam sem rumo, sem direção. Existem outras que correm dos problemas. Se o líder apresenta um problema para ser resolvido, por exemplo, ele dá no pé! "Problemas, já bastam os meus!" É assim também na esfera pessoal.

Não encare os problemas desta forma. Mude sua percepção! Se seu líder lhe entregou um problema para ser resolvido, por exemplo, é porque no mínimo ele confia em você! Além disso, essa é uma ótima oportunidade de desenvolvimento pessoal e a chance que você tanto pediu para mostrar seu potencial!

Caso o problema se encontre na esfera pessoal, lembre-se de que crescemos e amadurecemos quando enfrentamos os nossos problemas.

Foi assim comigo. Posso garantir que eu amadureci muito quando tive que me virar sozinho aos 19 anos! Ao deixar o conforto da casa dos meus pais (não por decisão minha, mas porque fui obrigado), amigos e familiares próximos só conseguiam enxergar um baita problema. "Agora o Wagner está encrencado! Tinha tudo na casa dos pais, conforto, comida... Como ele vai fazer para se virar? Com R$ 300,00 no bolso ele não vai muito longe..."

Quer saber? Eu utilizei esta pedra no caminho para construir as bases que me tornariam o homem que sou hoje!

A partir de hoje, enxergue os problemas como oportunidades, as barreiras como trampolins e as pedras no caminho como a substância necessária para fortalecer as colunas que sustentarão a sua história e a pessoa que você se tornará no futuro!

É desta forma e com base neste princípio que muitas invenções foram pautadas: tenho um problema (oportunidade) e agora preciso encontrar uma solução!

Busque alternativas, procure por soluções. Seja criativo e aproveite as oportunidades!

Segundo um provérbio africano, "mares tranquilos não produzem bons marinheiros".

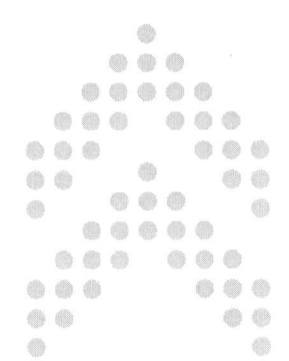

VALORIZE OS DESCONTOS EM SUAS NEGOCIAÇÕES

Se você não valorizar os descontos,
não espere que seu cliente valorize.

WAGNER OLIVEIRA

Sabemos que muitas vendas decorrem de promoções ou descontos aplicados no produto ou no serviço. É claro que quanto mais benefícios você apresenta, mais barato seu produto fica, evitando assim os descontos.

Vamos supor que você aplicou um desconto. Como você informa esse desconto ao seu cliente?

Tenho algumas dicas para ajudá-lo!

Se o **preço do produto for baixo**, apresente os descontos em **percentuais**. Se o **preço do produto for alto**, apresente os descontos em **reais**!

Por exemplo, dizer que você está dando R$ 9,00 de desconto em uma batedeira não parece muito. Mas dizer que conseguiu quase 20% de desconto é muito! Dizer que deu 2% de desconto numa operação de grande valor, parece pouco, mas afirmar que conseguiu R$ 350,00 de desconto faz o cliente perceber vantagens!

Note que os principais comerciais na TV ressaltam justamente esse princípio. Além disso, os descontos sempre são apresentados na seguinte ordem: do maior para o menor. Ou seja, era "x" e agora está por "y".

Ao conceder o desconto, não fale por falar! Se você não valorizar o desconto, o cliente não vai notar o que ganhou com isso. Valorize o desconto e mostre que foi realizado um esforço para que esta concessão fosse possível.

Que tal começar a exercitar este princípio, mas agora no papel de cliente?

Às vezes, minha esposa fica envergonhada quando estou em um estabelecimento e pergunto: "Bom, vejo que este é o preço dele... mas quanto é o valor à vista? Qual é o desconto se eu pagar no débito ou dinheiro?" É claro que um produto parcelado no cartão, por exemplo, amplia os custos/taxas para o estabelecimento. Portanto, é natural concluir que ele sempre custará menos se eu pagar à vista.

E esse desconto? É claro, precisa ser valorizado pelo vendedor! Quanto maior o valor da negociação, mais clara e importante é essa estratégia.

Não fale por falar. Valorize os descontos concedidos em suas negociações e boas vendas!

32

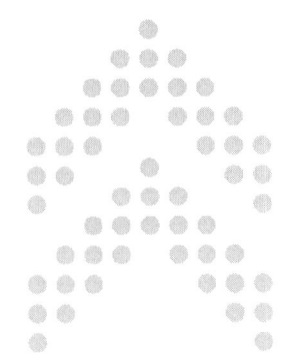

PERSISTA!

A persistência é o menor caminho para o êxito.
CHARLES CHAPLIN

Quando você pensa em persistência, o que vem a sua mente? Qual música, qual personagem, qual filme?

Que tal se inspirar em alguns exemplos?

Por assistir muitos filmes com meus filhos eu me lembro, por exemplo, do esquilo, personagem do filme *A era do gelo*![5] Que esquilinho persistente e também engraçado! Ele enfrenta todo tipo de obstáculo, perigos e inimigos, mas desistir não é uma alternativa para ele!

Já que estamos falando sobre personagens animados, também vale citar o famoso jogo dos pássaros: *Angry Birds*. Você deve conhecê-lo ou quem sabe seu (sua) filho (a) ou seu (sua) sobrinho (a). O jogo foi criado por três empreendedores após 51 tentativas sem sucesso. Sim, 51 tentativas fracassadas. O foco e a persistência os levaram a criar esse famoso jogo que se tornou popular no mundo

---
5 Filme produzido pela Blue Sky Studios e lançado no Brasil em 2002.

todo e virou filme em 2016! E, é claro, desdobrou-se em milhares de dólares em receita para os seus idealizadores.

Uma das histórias mais conhecidas quando o assunto é persistência é a de Thomas Edison (1847–1931). Thomas foi um cientista americano que, após 995 tentativas fracassadas, descobriu a lâmpada elétrica. Quando questionado sobre os seus fracassos, Thomas respondeu: "Aprendi 995 maneiras de não fazer." E essa não foi a única invenção de Thomas Edison. Ele registrou mais de duas mil patentes, desenvolvendo produtos de grande interesse e utilidade para a sua época.

O que todos estes exemplos têm em comum? Claro, além da persistência, todos eles tinham um objetivo bem definido em mente. Não faz sentido persistir se não existe um objetivo claro. Persistir para quê? Para chegar aonde?

Objetivos (onde quero chegar) + Estratégias (como vou chegar lá) + Persistência (por que quero chegar lá) = SUCESSO!

Se você é persistente na busca de um objetivo, é porque ele mexe com você, é relevante e produzirá autorrealização!

Inspire-se nesses exemplos. A persistência é o menor caminho para o êxito! Pode ser que você esteja muito perto da conquista que tanto almeja, seja no âmbito profissional, seja no pessoal. Se desistir agora, irá "morrer" na praia!

Não pare agora! Recuar? Só se for para pegar impulso!

33

O QUE O MOTIVA NO TRABALHO?

A verdadeira motivação vem de realização, desenvolvimento pessoal, satisfação no trabalho e reconhecimento.

FREDERICK HERZBERG

É comum muitos profissionais associarem motivação com dinheiro. Dinheiro é importante, sem dúvida! Mas pesquisas revelam que ele não é o fator mais importante para os profissionais brasileiros. Isto sem considerar as diferenças que existem entre as gerações. Pensando bem, o que motiva um profissional da geração X (nascidos em meados da década de 1950 e 1960) não é o mesmo que motiva um profissional da geração Y (nascidos em meados da década de 1970 e 1980). A visão do que é ser reconhecido para um profissional da geração X, por exemplo, é diferente daquela encarada pela geração Y ou Z (nascidos na década de 1990).

Pensando nisso, algumas reflexões são importantíssimas: Seu ambiente de trabalho é agradável? Você faz o que gosta? Tem satisfação de trabalhar nesta empresa? Você é reconhecido pelo seu trabalho?

Gostaria que você refletisse sobre estas questões. Caso um destes fatores não faça parte de sua realidade profissional, reveja suas decisões e o rumo de sua carreira.

É exatamente por isso que para alguns o trabalho é encarado como uma verdadeira tortura! Aliás, etimologicamente, a palavra trabalho vem do latim *tripalium*, um instrumento romano de tortura formado por três paus, utilizado na Idade Média. Que comparação interessante não?

Gosto muito de um conceito japonês chamado de *ikigai*. Não existe uma tradução literal para o termo. Ele é definido pelo autor e neurocientista japonês Ken Mogi como "a sua razão de viver", como "o motivo que faz você acordar todos os dias". Para o neurocientista (que também é autor do livro chamado *Ikigai*), *"é importante identificar as coisas que você gosta de fazer e que te dão prazer, porque elas dão propósito à vida e levam a uma existência longa e feliz"*. Para muitos, o *ikigai* é o segredo para a longevidade.

O que você ama fazer? O que o mundo precisa? Pelo que você pode ser pago? Em que você é bom?

Ikigai é a intersecção de paixão, missão, vocação e profissão.

Fica aqui o meu incentivo para que você conheça um pouco mais sobre o *ikigai*. Sem dúvida, é uma importante ferramenta para o autoconhecimento e um ótimo exercício para alinhar suas aspirações e valores às oportunidades de trabalho.

Dica de livro: *"Ikigai"*, com Ken Mogi.

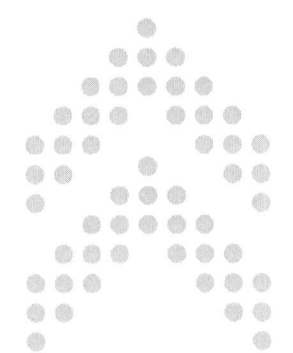

CONHEÇA A CULTURA DE SUA EMPRESA

Quando os ventos de mudança sopram, algumas pessoas levantam barreiras, outras constroem moinhos de vento.
ÉRICO VERÍSSIMO

Muito se fala sobre cultura organizacional, mas muitas pessoas não sabem definir com exatidão o que esta expressão significa. Há quem diga: "a cultura daquela empresa é muito rígida" ou "não me identifiquei com a cultura desta organização".

Cultura, em seu sentido antropológico, diz respeito aos valores, crenças, hábitos, costumes, símbolos, valores éticos e morais adquiridos pelo homem como membro da sociedade. Neste contexto, é importante destacar que ao longo do tempo a cultura sofre mudanças. Alguns traços se perdem, outros tomam lugar.

Quando falamos sobre *cultura organizacional*, nos referimos aos valores, princípios, crenças, políticas, sistemas, símbolos, entre outros, de uma organização. Podemos afirmar que cultura organizacional é o jeito de ser e fazer de uma organização.

A partir deste conceito e ponto de vista, temos a exata compreensão do impacto da cultura organizacional em um ambiente de fusão ou aquisição, ou seja, em um ambiente de mudanças. Facilmente encontramos profissionais resistentes às mudanças. Muitos estão acostumados a viver tanto tempo naquele ambiente que nem se dão conta dos benefícios que poderão existir em um processo de mudança organizacional. O Dr. Lair Ribeiro, médico cardiologista, nutrólogo e escritor *best-seller* brasileiro com mais de 30 obras publicadas, costuma dizer que "quem sempre viveu em terreno de peru nunca aprenderá a voar como uma águia". E, talvez nem saiba que existam águias voando por aí!

Portanto, a cultura organizacional não pode ser negligenciada pelas organizações que almejam crescimento e um time de profissionais engajados. Seu impacto no clima organizacional é real e se o ambiente for de mudanças, um alerta deve ser acionado! Um olho na cultura e clima e outro nos talentos internos, pois um talento perdido pode gerar um grande prejuízo para a organização. Reter talentos e mobilizá-los em torno de uma "causa" sempre será o mais coerente a fazer. Identificar, recrutar, treinar e mobilizar dará muito mais trabalho, além do alto investimento necessário.

Afinal, o que move as organizações são as pessoas mobilizadas em torno de um mesmo objetivo. Sem elas, não existe cultura, não existe mudança e não existe sucesso, somente paredes.

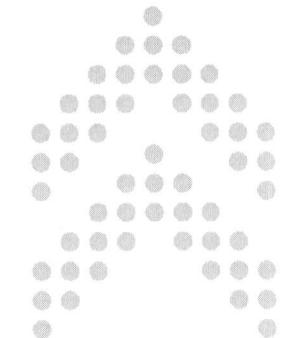

ATENDIMENTO AO CLIENTE: CAPRICHE NA ABORDAGEM!

Pense bem: pergunta fechada é igual à resposta fechada!
WAGNER OLIVEIRA

Noto com frequência que muitos vendedores, independentemente do ramo em que atuam, utilizam constantemente a expressão "Posso ajudar?". Aliás, em alguns lugares, esta frase estampa o uniforme dos vendedores e todos acreditam que serão eficientes com esta pergunta! O que muita gente não percebe é que, por se tratar de uma pergunta fechada, ela dá brecha para uma resposta fechada e, na maioria das vezes, negativa: "Não!". Essa resposta é ainda mais comum quando o cliente diz ao vendedor que está somente "dando uma olhadinha". Neste momento, muitos vendedores desistem do cliente e se ocupam com outra coisa pois, para eles, atender esse cliente é perder tempo.

Muitos intitulam os clientes de verdadeiros "caroços ambulantes", que não têm nada para fazer em casa e vão à loja somente para "encaroçar", ou seja, não compram nada! Mal sabem eles que todo bom fruto foi um caroço um dia!

Nunca abordei um cliente que me dissesse "Vou dar uma compradinha". Todos os clientes dizem a mesma coisa: "Estou dando uma olhadinha". Nós mesmos utilizamos constantemente esta expressão quando vamos a uma loja.

Recordo-me bem de uma situação assim quando visitei uma loja para avaliar o atendimento dos vendedores. Um deles perguntou a uma cliente: "Posso ajudá-la?". A resposta da cliente foi: "Pode, olhe meu neto pra mim enquanto eu vou pagar meu carnê!"

Uma frase positiva não custa nada! Lembre-se das expressões "Bom dia!", "Boa tarde!" ou "Boa noite!", que demonstram educação.

Você pode estar se perguntando: "Então, o que dizer para o(a) cliente quando este(a) disser que está apenas 'dando uma olhadinha'?". Aconselho você a reagir com outra pergunta mais concreta: "E qual produto o senhor gostaria de dar uma 'olhadinha'?".

Faça você mesmo este teste! É muito importante que nesta fase você tente iniciar um pequeno diálogo e conquiste a confiança do cliente. E se mesmo após esta postura seu cliente desejar permanecer olhando os produtos, nada de forçar a barra! Respeite-o, apenas pergunte seu nome e apresente-se. Coloque-se à disposição para esclarecer quaisquer dúvidas: "É um prazer recebê-lo, senhor João! Qualquer dúvida é só me chamar." Estabeleça um raio de ação e respeite o momento de seu cliente.

36

O QUE É TER SUCESSO PARA VOCÊ?

O segredo do sucesso é conquistar
aquilo que o dinheiro não pode comprar.

O VENDEDOR DE SONHOS

Como você definiria o sucesso? Muitas pessoas o definem como superabundância de bens materiais. Isto inclui um belo carro, uma *big* casa (como nos filmes de Hollywood) e, é claro, uma polpuda conta bancária! Quanto sucesso!

Sua definição de sucesso também seria essa? Sinceramente espero que não. Afinal, uma definição simples e objetiva de sucesso é: ter êxito em alguma coisa ou um resultado feliz em algo.

Certamente você conhece pessoas que não são abastadas financeiramente, mas alcançaram o sucesso desejado! Ou seja, conseguiram superar os desafios e atingiram seus objetivos. Resultado: alegria, satisfação e sentimento de dever cumprido!

Não devemos e nem podemos restringir sucesso apenas a dinheiro! É claro que ele pode vir como resultado dos seus esforços.

Mas a diferença é que você não sacrifica sua família, suas amizades e porque não dizer sua saúde em prol de seus objetivos materiais e financeiros.

Conheci muitos executivos que eram considerados pessoas de sucesso, ganhavam muito bem e tinham muitas posses, mas não eram pessoas felizes, satisfeitas e saudáveis. Por isso, sucesso sem equilíbrio não tem sentido! Nenhum sucesso profissional justifica o fracasso em suas relações familiares.

Nosso desafio é buscar continuamente o equilíbrio em todas as áreas de nossa vida. Se em uma área você não está bem, a "roda da vida" não vai girar com facilidade! Para continuar seguindo em frente, você terá que se esforçar muito e ainda correrá o risco de ficar preso nos obstáculos da estrada da vida.

Em primeiro lugar, precisamos equilibrar as diversas faces da vida e posteriormente potencializá-las.

Por isso, faça uma autoanálise e trabalhe as áreas que estão deficientes! Lembre-se de que sucesso vai além de grandes posses e dinheiro no bolso. Sucesso é ter realização pessoal e profissional com satisfação e equilíbrio.

Certa vez, perguntaram a Dalai Lama: "O que mais o surpreende na humanidade?". E ele respondeu:

"Os homens... Porque perdem a saúde para juntar dinheiro, depois perdem dinheiro para recuperar a saúde. E por pensarem ansiosamente no futuro, esquecem-se do presente de tal forma que acabam por não viver nem o presente nem o futuro. E vivem como se nunca fossem morrer... e morrem como se nunca tivessem vivido."

37

VOCÊ SABE O QUE É *EMPOWERMENT?*

Quanto maior o poder, maior a responsabilidade.

TOBY MAGUIRE, EM *SPIDERMAN*

Empowerment, conhecido como "empoderamento", significa delegação com autoridade. É um processo que descentraliza o poder de decisão, gera oportunidades para que profissionais mostrem todo seu potencial e contribui automaticamente para o desenvolvimento de novas lideranças. Ou seja, o líder "empodera" seu liderado, delegando autoridade e responsabilidades.

Desta maneira, o profissional é valorizado e o líder tem uma rica oportunidade de avaliar o desempenho do liderado em tarefas que exijam mais responsabilidade, analisando desta forma seus pontos fortes e pontos a desenvolver.

O *empowerment* é um processo contínuo, pois poderá envolver, a princípio, um baixo grau de delegação até um alto grau de delegação de poder.

Quando analisamos a história dos grandes líderes que a humanidade já conheceu, logo nos deparamos com o processo de empoderamento.

Quer um exemplo? Jesus Cristo. Independentemente de sua crença, você certamente concordará que Cristo foi um grande líder. Ele empoderou seus liderados (discípulos) visando à continuidade de sua obra e ao desenvolvimento de cada um deles. Jesus liderou um grupo bem diversificado. Além de formações diferentes, os doze discípulos tinham personalidades e temperamentos bem distintos, o que tornava a liderança e o processo de empoderamento mais desafiadores.

Cristo não foi centralizador, mas empoderou os doze para uma grande obra. Olhou para as principais qualidades de cada um deles e soube com destreza aproveitá-las. Mesmo traído, sua obra foi cumprida e potencializada por intermédio deles.

Para que o processo de empoderamento aconteça, o líder precisa de sensibilidade para identificar talentos, de disposição para tolerar erros e de tempo para desenvolver a confiança. É necessário ser assertivo na comunicação e trabalhar continuamente o aspecto motivacional. Quanto maior o poder, maior a responsabilidade assumida!

Empoderamento = mais tempo disponível para o líder (descentralização) e oportunidades para o liderado demonstrar todo o seu potencial.

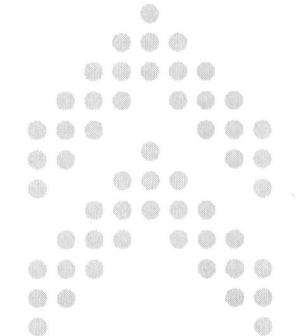

TEMPO DE CASA OU MERITOCRACIA?

Os ventos e as ondas estão sempre do
lado dos navegadores mais competentes.
EDWARD GIBBON

Você já ouviu falar em *meritocracia*?

A origem etimológica da palavra meritocracia vem do latim *meritum*, que significa mérito, merecimento. Segundo estudiosos, a origem deste conceito é datada a mais de dois milênios antes de Cristo. No princípio, a meritocracia estava ligada à política. Segundo críticos do sistema democrático, a meritocracia seria o único sistema capaz de corrigir os erros cometidos. Para eles, o sistema democrático, amplamente apoiado pelo povo, levava ao poder pessoas que não eram merecedoras e não tinham as competências necessárias para desempenhar determinada função.

Portanto, este é um campo muito amplo e que até hoje fomenta discussões acaloradas entre críticos e defensores da meritocracia.

Um exemplo de meritocracia aplicada no governo de qualquer país é a realização de concursos públicos. Fica com a vaga aquele candidato que fizer por merecer (pelo menos na teoria é assim). Esta prática visa acabar com a hereditariedade de cargos e o nepotismo (prática de favorecer parentes ou amigos próximos). É claro que meu objetivo nesta dica não é discutir a aplicabilidade deste sistema no governo brasileiro, até porque o estudo seria bem amplo e certamente resultaria em mais um livro!

Mas aos poucos a meritocracia também foi adotada pelas empresas. Com a mudança, não é mais o tempo de casa o principal fator para justificar uma promoção, mas sim o mérito. É preciso ser competente e entregar resultados satisfatórios.

No entanto, não é difícil encontrarmos profissionais que contestam esta lógica, pois têm um bom tempo de casa e perderam uma promoção para outro colaborador com menos tempo de casa. Sabemos que vários anos de trabalho resultam em experiência. Mas somente experiência não basta.

É exatamente por essas e outras razões que muitas organizações adotaram um sistema de avaliação de desempenho, a fim de aferir com precisão as competências e os resultados apresentados pelos seus colaboradores. Quanto maior a transparência deste processo, menor o ruído.

Por mais dura que esta verdade seja para você, lembre-se: tempo de casa não é sinônimo de competência e merecimento.

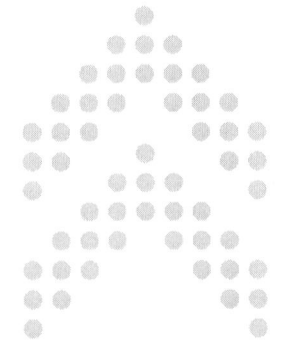

REALIZE REUNIÕES PRODUTIVAS

Com tempo e organização,
consegue-se fazer tudo e bem feito.

PITÁGORAS

Reuniões produtivas? Pois é, confesso que já vi profissionais realizando uma reunião para marcar outra!

Qualquer um de nós, ao sermos convidados ou convocados para uma reunião, pressupõe que por meio dela atingiremos um determinado objetivo. Claro que muitos líderes utilizam as reuniões visando compartilhar informações, alinhar as expectativas para um determinado trabalho, além de tomar decisões relevantes. Mas há um número significativo de profissionais que criticam as reuniões, vendo-as como uma forma improdutiva de tomar decisões, de repassar informações, além de tremenda perda de tempo. Já existem muitas empresas brasileiras que realizam reuniões com todos os colaboradores em pé, visando manter o foco no tema e ganhar tempo.

O problema não é a reunião em si, mas em como ela é planejada e conduzida.

Quero deixar algumas dicas importantes para tornar suas reuniões mais produtivas. Para isso, responda a essas breves perguntas:

- A reunião é realmente necessária? Existem outras alternativas?
- Os envolvidos foram previamente comunicados?
- Qual é o objetivo/propósito da reunião? Todos os envolvidos estão cientes disso?
- O que faremos na reunião para atingirmos nosso objetivo/propósito?
- A agenda é clara e está devidamente organizada? Ela foi compartilhada com todos os participantes?
- Qual será a duração? Quanto tempo teremos para cada tema?
- Quais equipamentos e materiais necessitaremos?

Refletir sobre essas questões fará com que você, em um curto prazo, consiga melhores resultados em suas reuniões e evitará que esse período se torne um "mar de lamentações" ou mais um encontro sem propósito. Lembre-se de que o seu tempo e o tempo das pessoas é muito valioso!

Pensando nisso, experimente utilizar um *countdown* em sua reunião, ou seja, um cronômetro regressivo. Fazendo isso, as pessoas terão a exata dimensão do tempo utilizado e de quanto tempo falta para terminar a reunião. Isso ajuda a manter a concentração e o foco, tornando sua reunião mais produtiva!

Que tal colocar estas dicas em prática esta semana?

40

INVISTA EM VOCÊ!

Acelerar enquanto os outros freiam
é certeza de ganhar terreno.

CARLOS DOMINGOS

Você tem investido em sua carreira, em sua formação? O que você tem feito? Aliás, o que pretende fazer neste ano?

Este tema me remete à adolescência e juventude. Sempre gostei de estudar e por vezes minha família e meus amigos me pegavam com um livro na mão. Certa vez, ouvi um deles dizer: "Vai com calma... Estes livros vão te deixar louco, cara!" Mal sabiam que este hábito só gerava benefícios para mim. A sede de conhecimento, de aprender e compartilhar o que sei me acompanham até hoje. Com determinação e muito esforço, consegui concluir minha faculdade e duas pós-graduações. Fiz diversos cursos, certificações e, claro, sou o mesmo aprendiz até hoje. Quer saber? Isso me abriu muitas portas! Oportunidades valiosas passaram diante de mim e lá estava eu, apto para agarrá-las!

Para ganhar terreno neste mercado globalizado e competitivo, é necessário aperfeiçoar-se continuamente. Nunca pare de aprender. Desta maneira, você ganhará espaço e estará à frente de outros profissionais que estão na zona de conforto. O maior risco? É achar que já sabe de tudo. Lembre-se de que a arrogância precede à ruína.

Ninguém sabe tudo. É impossível ter domínio de todos os campos. E, quando não souber a resposta, seja humilde para admitir essa realidade e proativo para buscar a resposta.

Você não precisa saber de tudo, mas precisa saber quem sabe. Alguém terá domínio daquele tema.

Mas é claro, não adianta sair por aí "atirando" para todo lado, ou seja, fazendo todos os cursos disponíveis, palestras, lendo livros aleatoriamente, aprendendo todos os idiomas, etc. É preciso planejamento, foco naquilo que quer aperfeiçoar, consciente de que o resultado contribuirá diretamente para seu crescimento pessoal e profissional. Lembre-se: o que você foca se expande! Além disso, a direção é mais importante que a velocidade, como já dizia Clarice Lispector.

Registro aqui o meu incentivo para você! Faça planos para o próximo ano ou quem sabe para o próximo semestre.

Qual curso pretende fazer? Talvez uma pós-graduação, um MBA, um curso de inglês... Enfim, é hora de investir em você e ganhar terreno!

41

O QUE PODEMOS APRENDER COM AS FORMIGAS?

O saber se aprende com os mestres.
A sabedoria, só com o corriqueiro da vida.

CORA CORALINA

Talvez você já tenha se questionado ou lido sobre as lições que podemos aprender com os gansos. Mas o que podemos aprender com as formigas?

Estes insetos estão espalhados por todas as partes do mundo. Devido a sua maneira de viver e trabalhar, conseguiram chamar a atenção de um dos maiores sábios que aqui viveu: Salomão. Depois de suas observações, ele mesmo redigiu alguns provérbios que apresentavam belas lições aprendidas com as formigas. Veja um deles: "Vai ter com a formiga, ó preguiçoso; olha para os seus caminhos e sê sábio" (Bíblia[6], Provérbios, 6:6).

---

6 Citações extraídas da Bíblia na versão Almeida Corrigida e Fiel.

Observando a vida destes insetos, quero compartilhar com você três grandes lições que aprendemos com as formigas. Com certeza, temos muitas outras, mas preciso ser sucinto aqui.

1ª Lição: Superação de limites. Apesar de pequenas, as formigas são fortes! Após uma curiosa pesquisa, descobri que as formigas são capazes de andar até 300 metros para encontrar comida. Seria o equivalente a andarmos 60 km a pé para fazermos compras no supermercado! Além disso, elas levantam até sete vezes seu próprio peso. Isto é incrível! As formigas não se prendem a limites. Elas simplesmente superam os limites. Portanto, pare de dizer que não é capaz. Você tem um enorme potencial.

2ª Lição: Planejamento e trabalho duro. Acredite se quiser, mas esses pequenos insetos conseguem planejar seus objetivos. As formigas trabalham duro durante o verão adquirindo reservas para o inverno. Um grande sinal de prudência. Como anda seu planejamento? Você tem se esforçado em prol dos seus objetivos? Como bem afirma meu pai, "a vida é dura pra quem é mole"!

3ª Lição: Organização. Estima-se que um formigueiro pode abrigar até três milhões de formigas! Mas não pense que é uma bagunça, pois cada formiga conhece muito bem seu papel dentro do formigueiro. Elas são extremamente organizadas. Uma formiga que hoje foi buscar comida, amanhã pode ser convocada para trabalhar dentro do formigueiro. De fato, não conseguiremos excelentes resultados, seja na esfera pessoal, seja na profissional, se formos desorganizados. Com organização somos mais produtivos, contribuímos com o trabalho em equipe e geramos resultados para a organização!

É o corriqueiro da vida nos inspirando e nos ensinando.

42

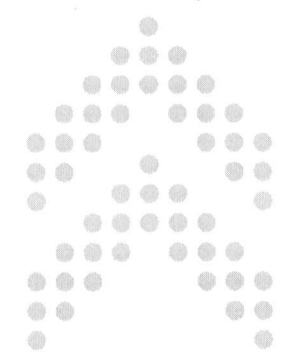

ACREDITE, HÁ UMA SAÍDA!

Não quero nem saber se tem luz no fim do túnel.
Quando entro nele, já acendo a minha.

EDSON MARQUES

Todos nós já passamos (ou vamos passar) por momentos delicados na vida, seja no âmbito pessoal, seja no profissional. Mas lembre-se: não é o que acontece com você que determina seu sucesso ou seu fracasso, mas como você reage ao que acontece com você.

Umas das histórias que ilustram muito bem essa questão é a de Steve Jobs, cofundador da Apple. A empresa nasceu em meados dos anos 1970 na garagem de sua casa. Na época, Jobs tinha apenas 21 anos. Após faturar milhões em poucos anos, Jobs recrutou um CEO para a sua empresa, John Sculley. E, acredite se quiser, três anos após a contratação, Jobs (agora com 30 anos) foi demitido da empresa que ele mesmo criou! E o que ele fez? Ficou paralisado, abatido, desistiu de seguir em frente? Não! Ele seguiu em frente e encontrou uma saída! Ele fundou a Pixar e a NeXT

Computer, empresa que anos mais tarde foi adquirida pela Apple. Em 1997, Jobs retorna para a Apple como CEO e o restante da história nós já conhecemos...

É fato. Todo ser humano passa por situações difíceis em diversas áreas de sua vida. Independentemente do tamanho do problema a ser enfrentado, temos duas escolhas:

1. Recuar. Ou seja, desistir de lutar. Aliás, esta é a alternativa escolhida por muitas pessoas e profissionais com boas intenções, mas com pouca determinação. Na ilusão de que nunca passarão por reveses na vida, tais pessoas não criam "anticorpos" capazes de combater o problema. Resultado: a viagem é interrompida no meio do caminho.

2. Avançar! Não importa o quão escuro seja o caminho, simplesmente devemos prosseguir! Como passageiros desta locomotiva chamada "vida", às vezes passaremos por túneis escuros. Se há luz ou não no final, não interessa. Ao entrarmos lá, cabe a nós acender a luz da persistência, da determinação, do foco, do entusiasmo, da motivação e prosseguir!

Que destino é esse? Esse destino é uma cidade chamada SONHOS, onde a alegria e a satisfação andam juntas e o entusiasmo mora dentro de casa! Suas praças e ruas chamam-se RECOMPENSAS e seus habitantes são conhecidos como OTIMISTAS!

Você quer ir para lá? Então acenda sua luz e prossiga! A saída é logo ali.

43

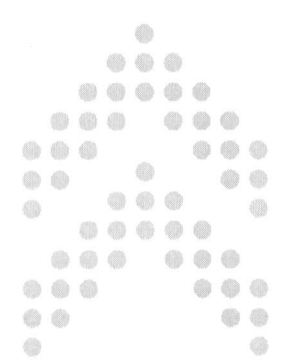

QUAL É SEU TALENTO?

Todo mundo tem talento. É só uma questão de se mexer até descobrir qual é.

GEORGE LUCAS

Um dos erros mais graves que uma pessoa pode cometer é passar a vida toda sem descobrir qual é seu talento. As consequências são desastrosas: vida medíocre, sem graça e uma performance profissional muito abaixo do que você é capaz de entregar!

Afinal, como afirma o cartunista Charles Schulz, "a vida é uma bicicleta de dez marchas. A maioria de nós tem marchas que nunca usamos".

Apesar de muito similares, dom e talento são coisas distintas. A palavra dom vem do latim *donus*, que significa dádiva, presente. Uma criança que desde muito cedo tem uma habilidade incrível para tocar algum instrumento tem um dom. Já o talento é uma habilidade que pode ser desenvolvida ou aperfeiçoada.

Todos os seres humanos têm o mesmo valor, mas não têm o

mesmo talento. Ninguém nasce palestrante, advogado, jogador de futebol, músico... O talento pode e deve ser desenvolvido.

Como descobrir seu talento? Existem diversas formas, mas todas elas passam por um exercício de autoconhecimento. Testes de personalidade e *feedbacks* de amigos e familiares podem ajudá-lo. O que você ama fazer, faz muito bem e obtém excelentes resultados? O que mexe com você, te deixa animado (a), tira seu sono e que você faria até de graça? Essa chama é o seu talento.

O fato de ter um talento não significa que a vida vai ser fácil. Quer um exemplo? Cafu, capitão da seleção brasileira de futebol que conquistou o penta em 2002. Ele foi dispensado de nove peneiras (seleção que os clubes fazem para descobrir novos jogadores nas categorias de base) até ser aprovado no São Paulo.

Descobriu seu talento? Agora mantenha o foco!

> "Ter talento sem foco é como ser um polvo com patins de rodas. Você pode estar certo de que haverá muito movimento, mas não saberá em que direção seguir."
>
> **- John C. Maxwell**

Tudo o que você foca, expande! Potencialize os seus pontos fortes e continue se aprimorando. Aproveite as oportunidades para exercitar seu talento.

As portas sempre estarão abertas para pessoas talentosas!

44

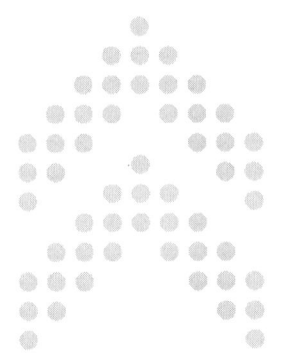

VOCÊ SABE O QUE É *BRAINSTORMING*?

Não devemos ter medo das novas ideias!
Elas podem significar a diferença entre o triunfo e o fracasso.
NAPOLEON HILL

O que é *brainstorming*? Para que serve? Você já participou de reuniões em que esta técnica foi utilizada?

Tempestade de ideias, "toró de palpites" ou *brainstorming* é uma técnica muito utilizada em reuniões, dinâmicas ou treinamentos. O principal objetivo é estimular a troca de ideias entre o grupo, normalmente visando à resolução de um problema ou definição de uma estratégia.

Essa técnica é muito usada por profissionais de marketing e vendas, por exemplo. Com frequência, as grandes ideias ou "sacadas" publicitárias são produtos de reuniões em que o *brainstorming* foi empregado.

Além de escolher um local agradável e propício para realizar a reunião, atente-se para a disposição do grupo em sala, o número de pessoas (ideal aplicar com grupos pequenos), o tempo para conclusão da atividade e a definição de um coordenador ou mediador para conduzir a atividade.

Normalmente, essas reuniões não costumam ultrapassar 30 minutos.

Atente-se ainda para estas quatro dicas:

1. Não critique. A crítica tem um efeito contrário, pois inibe a participação e a criatividade. Não é hora de criticidade, mas de compilar todas as opiniões que surgirem.

2. Encoraje! Mesmo diante de ideias que para você são absurdas, encoraje a participação de todos. Todas as ideias devem ser consideradas.

3. Importe-se com a quantidade e não com a qualidade. Neste caso, a quantidade levará à qualidade.

4. Não se prenda à propriedade intelectual. Afinal, durante o *brainstorming*, o foco não é "quem disse isso" ou "quem é o autor desta ideia". O ego pode prejudicar o processo de *brainstorming*. A meta é resolver problemas e gerar novas ideias. Portanto, o mérito é do grupo.

Precisa definir uma estratégia ou está sem ideias?

Reúna sua equipe e bom *brainstorming*!

45

SEJA OUSADO!

Perca com classe, vença com ousadia.
Pois o triunfo pertence a quem mais se atreve.
CHARLES CHAPLIN

Ousadia é a qualidade de quem é arrojado, corajoso, valente e destemido. Ser ousado não significa sair por aí fazendo o que "dá na cabeça"! Isso não é ousadia, é imprudência. Ousadia é uma das características mais marcantes dos grandes empreendedores, como Walter Elias Disney, Steve Jobs, comandante Rolim (TAM) e Bill Gates. Só conseguiram alcançar grandes resultados porque decidiram ousar.

O oposto de ousadia é acovardamento, medo, pavor, receio, temor. Essas posturas são paralisantes e destrutivas, pois o impedem de aproveitar as oportunidades que a vida lhe oferece e limitam o uso de seu potencial.

É por isso que muitas pessoas têm sonhos que jamais serão realizados. Contentam-se com o trivial, tornando-se incapazes de atingir o excepcional. Sabotam a si mesmas e vivem uma vida sem graça, sem grandes conquistas e muito abaixo da média. Tais pessoas não são protagonistas. Pelo contrário, elas fazem parte dos sonhos de quem ousou ser protagonista!

Ser ousado é pensar fora da caixa, é inovar, ir além, ter disposição para correr riscos e acreditar. É alguém que pode até começar pequeno, mas pensa grande. O profissional ousado não se prende ao *status quo*,[7] mas desafia-o. É questionador, inquieto e aberto a mudanças. Frequentemente recebe críticas especialmente de pessoas invejosas e daquelas que estão presas à zona de conforto. Foi assim com Mark Zuckerberg quando lançou o projeto do Facebook. Ele foi criticado e ridicularizado e veja aí no que deu. A ousadia e alegria fizeram de Neymar o grande jogador que conhecemos. Foram ideias ousadas que deram origem ao Uber, Netflix, Waze e Airbnb.

Não tenha medo de ousar, avalie com prudência o contexto e lute pelo que você acredita! Nunca limite seu potencial. É hora de quebrar a crença de que você não é capaz ou de que seu destino é viver a mesma vida que seu pai, seu irmão, ou seu avô viveram. O ser humano é capaz de fazer coisas extraordinárias! E por que com você seria diferente?

Encerro esta dica com uma preciosa verdade extraída do *best-seller* do autor Paulo Vieira, *O poder da ação*:

> Você precisa ter um medo na sua vida:
> o medo de não estar agindo na direção certa
> e na maior velocidade possível.

Ouse ser protagonista de sua vida!

---

[7] Expressão do latim que significa "estado atual". Normalmente utilizada para definir o estado ou cenário atual das coisas, independentemente do momento.

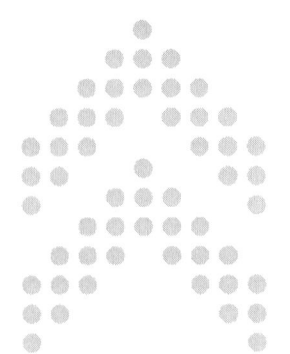

INFLUÊNCIA E PERSUASÃO

Um dos melhores modos para persuadir os outros é com os teus ouvidos.

DEAN RUSK

Certo dia, reli um artigo[8] muito interessante. Ele falava sobre as leis da persuasão, da motivação e da influência, baseado no livro *QI de Persuasão*, do autor Kurt W. Mortensen.

Um dos pontos que me chamaram muita atenção é que muito do que conquistamos e conquistaremos na vida será resultado do poder da influência. Inevitavelmente, ao tratar sobre influência, também falamos sobre persuasão, uma arte dominada por poucos.

Infelizmente, há quem encare estas leis e conceitos como maldosos ou manipuladores! Como bem destacado no artigo anteriormente citado, a persuasão é uma energia que pode ser usada para o bem ou para o mal. Pode-se produzir energia elétrica

---

8 Influência Máxima. REVISTA QUALIMETRIA FAAP, São Paulo, n. 267, p. 1-7, nov. 2013.

ou fabricar bombas atômicas, segundo destaca o autor do artigo. Se utilizada corretamente, a persuasão pode resultar em muitos benefícios, por exemplo, inspirar jogadores de um time para a vitória, abrandar uma discussão, promover eventos beneficentes ou convencer um cliente a comprar determinado produto ou serviço. Além disso, a persuasão é fundamental para conquistar a pessoa amada!

Ser persuasivo não é falar muito! Pelo contrário, é ouvir muito. Em vez de falar demais, pergunte mais e ouça com atenção. Lembre-se de que escutar é diferente de ouvir (apesar de a maioria dos dicionários apresentarem estas palavras como sinônimas). Costumo dizer que quem escuta faz "cara de paisagem", mas quem ouve dá atenção, agindo com empatia. Por isso, não adianta perguntar e não ouvir!

"As pessoas com maior poder de persuasão perguntam três vezes mais em comparação com aquelas de poder normal de persuasão", destaca Kurt W. Mortensen. Ou seja, pergunte e esteja disposto a ouvir.

Utilize sua influência de maneira positiva e ética. Promova o bem, coopere e exercite-a para conquistar seus sonhos! A propósito, você já observou que quanto mais cooperamos, mais influentes somos? E quanto mais influentes formos, mais persuasivos seremos. Afinal, influência e persuasão andam de mãos dadas.

Lembro-se também de que, assim como influenciamos, nós também somos influenciados. Existem situações em que somos persuasivos e outras em que somos persuadidos.

Que tal refletir um pouco sobre isso hoje?

47

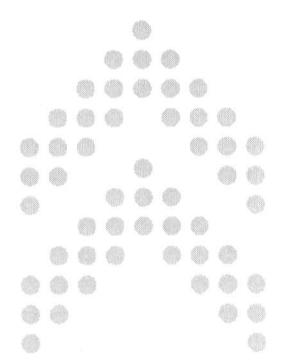

CUIDADO! VOCÊ TRABALHA EM EQUIPE OU "EUQUIPE"?

O talento vence jogos, mas só o trabalho em equipe ganha campeonatos.
MICHAEL JORDAN

De fato, sabemos trabalhar em equipe?

Para responder positivamente a esta pergunta, é necessário uma autoavaliação. Respeitamos as diferenças? Cooperamos em tarefas que não nos competem? Somos proativos em ajudar o colega ou murmuramos pelos cantos afirmando que o trabalho não é nosso? Assumimos como nossos os compromissos delegados à equipe? Ou dizemos: "Esta meta/tarefa/obrigação não é minha, é do departamento 'x'."

Costumo afirmar que existem colaboradores que sabem trabalhar em equipe, mas existem outros que só trabalham em

EUQUIPE! Ou seja, o foco está no meu trabalho, no meu departamento, na minha meta, nos meus objetivos.

Como brilhantemente destacado por Michael Jordan, "talento vence jogos, mas só o trabalho em equipe ganha campeonatos". Toda equipe tem talentos, mas para a área e a empresa terem sucesso é necessário trabalhar em equipe!

Imagine um time de futebol em que cada jogador trabalha em EUQUIPE. O resultado será desastroso! Afinal, o goleiro precisa contar com a zaga, os zagueiros contam com o meio campo, com os volantes e laterais. E assim por diante. Nenhum jogador consegue ganhar um jogo sozinho. Quando todos trabalham unidos e em prol do mesmo objetivo, cria-se interdependência e sinergia! Troca-se o "eu" pelo "nós".

Gosto muito de um provérbio africano que diz:

> Se quer ir rápido, vá sozinho.
> Se quer ir longe, vá em grupo.

O individualismo é uma das maiores armadilhas quando o assunto é trabalho em equipe. A ideia de "cada um por si e Deus por todos" é equivocada, pois desconsidera o poder que existe quando trabalhamos em equipe.

Independentemente de sua área de atuação, direta ou indiretamente você precisa contar com pessoas que trabalhem unidas e focadas em um único objetivo. Ayrton Senna sabia bem disso quando afirmou: "Eu sou parte de uma equipe. Então, quando venço, não sou eu apenas quem vence. De certa forma, termino o trabalho de um grupo enorme de pessoas."

Finalizo esta dica com uma afirmação poderosa de Andrew Carnegie: "O trabalho em equipe é o combustível que permite que pessoas comuns obtenham resultados incomuns."

SEJA UM LÍDER *COACH*

A maior habilidade de um líder é desenvolver habilidades extraordinárias em pessoas comuns.

ABRAHAM LINCOLN

Coaching não é terapia, mentoria nem sessão de autoajuda. *Coaching* é um processo que tem como objetivo elevar a performance de um indivíduo por meio de ferramentas, técnicas e metodologias. Esse processo é conduzido por um profissional (*coach*), em parceria com seu cliente (*coachee*).

Quando falamos sobre *coaching* e liderança nos referimos ao líder que utiliza (mesmo informalmente) algumas ferramentas do *coach*, com o objetivo de desenvolver sua equipe e aumentar a performance dos profissionais.

Em linhas gerais, o líder *coach* desenvolve sua equipe e a torna capaz de diagnosticar problemas, criar estratégias e encontrar soluções. Com a mudança de postura e o estabelecimento de metas, o impacto no desempenho da equipe é visível. Desta maneira, o líder *coach* contribui com o engajamento do time e eleva a motivação dos seus colaboradores. Mas nada disso será possível se não existir diálogo!

Infelizmente, existem muitos líderes que não desenvolvem um diálogo aberto com seu time. Não se trata da necessidade de agradar todo mundo nem de ser a pessoa mais sorridente da empresa! Ele precisa sim ser uma pessoa acessível, compreensiva, equilibrada, e é claro, inspiradora!

Que tal refletir sobre isso? Você é essa pessoa? Qual o legado que você está deixando para sua equipe? Você possui diálogo com os seus liderados? É um monólogo ou um diálogo?

Em um dos programas de liderança da T7 Treinamentos, apresentamos algumas ferramentas costumeiramente utilizadas durante as sessões de *coaching* e que podem ser adotadas pelo líder. Ferramentas como os "Três estágios de Egan", "Metas Smart", "Roda da Vida" e "Análise Swot" são alguns exemplos.

Para ser um líder *coach*, você não precisa, necessariamente, utilizar todas as ferramentas citadas acima. No entanto, você certamente terá que adotar uma nova postura, um novo comportamento. Assim como ocorre com o *coachee* durante as sessões de *coaching*, seu liderado precisa de apoio para romper com o *status quo* e promover mudanças que o levem em direção ao objetivo proposto. Não se trata de dar as respostas que a equipe procura, mas de promover as reflexões necessárias.

Muitas vezes, as perguntas são as respostas de que sua equipe precisa!

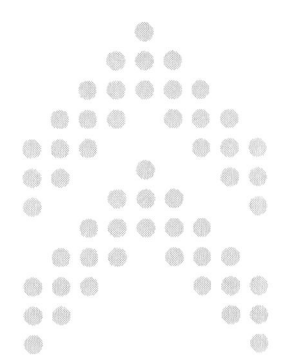

QUAL É SEU DIFERENCIAL COMPETITIVO?

Procure ser um homem de valor, em vez de ser um homem de sucesso.
ALBERT EINSTEN

Diferencial competitivo é um conceito muito abordado por profissionais de marketing, administradores e estrategistas. Diz respeito a características ou atributos que tornam uma empresa única! Esses atributos são muito difíceis de serem duplicados ou copiados, pois são vantagens exclusivas de uma organização. Isso faz com que a empresa seja vista como única aos olhos do cliente, além de gerar reconhecimento do mercado. Detalhe: por mais que a concorrência se esforce, ela não consegue oferecer esses mesmos diferenciais para sua clientela.

Dentro deste contexto, reflita comigo:

Qual é o diferencial competitivo de sua empresa? Quais os benefícios que somente ela oferece aos clientes? Como sua empresa é reconhecida no mercado? Por que ela se diferencia de todas as demais empresas do segmento?

Podemos aplicar essa mesma reflexão em nossa carreira e até mesmo em um processo seletivo: "Como profissional, qual é meu diferencial competitivo? Por que a empresa deveria me contratar? Quais são os benefícios que eu posso gerar para esta organização? O que me torna um profissional diferenciado no mercado? Minhas competências são reconhecidas pelas empresas, colaboradores e gestores?"

Por meio dessa reflexão, descubra quais as áreas de sua empresa (ou de sua vida profissional) precisam de aprimoramento. Lembre-se, se você for igual a todos os outros de sua área ou ramo de atuação, não espere nada além do que os mesmos resultados que eles alcançaram.

> Se andarmos apenas por caminhos já traçados, chegaremos apenas aonde os outros chegaram.
> **— Alexander Graham Bell**

Se você tem dificuldades para encontrar seu diferencial competitivo ou o diferencial de sua organização, cuidado! Isto não é um bom sinal. Talvez a dificuldade indique que provavelmente você não tem nenhum diferencial!

Que tal tirar o dia de hoje para refletir um pouco mais sobre seu diferencial competitivo?

- *Como você é reconhecido pelos outros? Como as pessoas o veem?*
- *Se você tivesse um slogan, qual seria?*
- *Onde você se diferencia dos demais? Por quê?*
- *Minha empresa é diferente porque...*

50

PLANEJE SUA APRESENTAÇÃO

Boa sorte é o que acontece quando a oportunidade encontra o planejamento.

THOMAS A. EDISON

Como comentado na dica de número 8, Vença o medo de falar em público, o planejamento coopera para vencermos o medo de falar em público. Mas você planeja mesmo sua apresentação? Qual é a melhor maneira de se planejar? Por onde começar? Nesta dica, quero dar foco nesta importante etapa.

Não estou dizendo que seja o seu caso, mas conheço muitas pessoas que fracassam em suas apresentações corporativas pelo simples fato de terem desprezado o planejamento. Tais pessoas (certamente você se lembrará de alguém ou de alguma ocasião) adoram viver do improviso. Elas gostam de adrenalina e usam a famosa técnica NHS. Ou seja, "na hora sai"! Com o pretexto de "quem sabe faz ao vivo", ignoram os benefícios de um bom planejamento. Mesmo o profissional experiente e que confia piamente em suas capacidades de encantar o público não deve desprezar o planejamento.

Quanto menos um profissional se planeja para uma apresentação, mais nervoso ele fica. Além disso, poderá pecar no que diz respeito à estrutura da apresentação e à linha de raciocínio. Qualquer imprevisto pode pegá-lo de "calça curta".

Planejar é pensar antes de agir! Significa estudar as alternativas em questão, se organizar, definir os objetivos de sua apresentação e a estrutura em que ela será realizada. Você constrói em sua mente algo que será colocado em prática posteriormente.

Alguns pontos importantes para reflexão:

- *Qual é o tema e objetivo de sua apresentação?*
- *Quanto tempo você terá para apresentá-la?*
- *Qual é o perfil de seu público?*
- *Qual é o desafio ou problema a ser resolvido?*
- *Quais soluções ou* insights *serão propostos?*
- *Você utilizará recursos audiovisuais? Quais?*

Estes são apenas alguns pontos ligados ao planejamento. Na prática, você descobrirá muitos outros.

Adotei o hábito de planejar todas as minhas apresentações com antecedência, não importa quantas vezes eu já tenha discorrido sobre aquele conteúdo. Isso me faz muito bem!

Não despreze um bom planejamento. Não conte com o improviso! O excesso de confiança é um inimigo silencioso.

Você não quer "pagar mico" em público, correto?

51

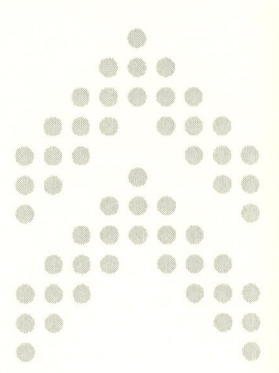

VOCÊ SABE O QUE É *PRESENTEÍSMO?*

É o grau de comprometimento que determina o sucesso, não o número de seguidores.
REMO LUPIN

Lá se foi João para mais um dia de trabalho... Contra a sua vontade ele chega à empresa, bate o ponto e segue para sua mesa de trabalho. Liga lentamente o computador, se acomoda em sua cadeira e lá permanece por horas, como se estivesse em "Nárnia". O computador fora ligado, mas João não. Segue "viajando", distraído e ocioso, à espera do horário de voltar para casa.

Assim como João, essa é a realidade de muitos profissionais brasileiros.

E você, conhece alguém como João? Está fisicamente no trabalho, mas não mentalmente. O corpo está lá, mas a cabeça... Resultado: falta de comprometimento e baixa produtividade. Esse estado é chamado de presenteísmo.

É verdade que o termo é praticamente desconhecido. Há quem diga que o presenteísmo se tornou uma praga corporativa. Suas origens e consequências podem ser diagnosticadas após uma observação apurada.

Cabe dizer que são vários os fatores que o produzem. Muitos deles estão ligados à saúde dos colaboradores. Por exemplo, há quem trabalhe com uma forte sinusite, com *stress*, depressão, etc., o que prejudica diretamente a produtividade.

Em muitas empresas, o absenteísmo (ausência no trabalho) tem dado lugar ao presenteísmo, ocasionando um problema ainda maior! Afinal, o primeiro é facilmente identificado e mensurado, mas o segundo, não.

Outros fatores que podem ocasionar esse estado estão ligados à desmotivação, insatisfação, problemas de relacionamento, desânimo, etc., o que torna o diagnóstico e a prevenção por parte dos gestores e profissionais de Gestão de Pessoas um grande desafio! Muitas vezes, esse diagnóstico é obtido depois de um longo período de improdutividade do funcionário.

Não se engane! O presenteísmo não se limita apenas a uma linha hierárquica da organização. Ou seja, certamente existem muitos executivos brasileiros "de corpo presente".

Está surpreso? Quer uma boa notícia? Se você trabalha no departamento de Gestão de Pessoas ou Recursos Humanos, terá muito trabalho pela frente! Se você é líder, atenção! Será que existe alguém em sua equipe que está vivendo o presenteísmo?

52

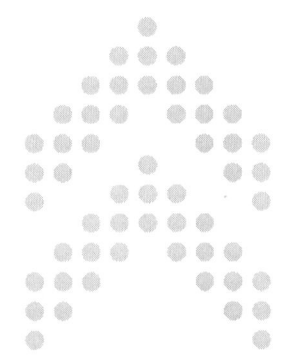

DIFERENCIE PREÇO DE VALOR

Nunca negocie seu produto ou serviço pensando no seu bolso, mas sim, no bolso do cliente. Afinal, quem vai pagar?

WAGNER OLIVEIRA

Há alguns anos, vivi uma experiência interessante. Um antigo gestor, todo animado e eufórico, me convidou para conhecer sua "nova máquina". Logo pensei: deve ser um Camaro, uma Mercedez ou algo do tipo. Fomos até o estacionamento da empresa e, chegando lá, ele me disse: "Wagner, olhe só a minha máquina", apontando para um Fusca cinza fabricado na década de 1970. Sua expressão de felicidade era nítida, mostrando cada detalhe e fazendo questão de ressaltar que tudo era original. Quanto ele pagou? O preço de um carro popular da época. Tive que me segurar... Afinal, eu não via muito valor naquilo, mas ele, sim!

Você sabe a diferença entre preço e valor? Muita gente faz confusão com estes conceitos, principalmente vendedores.

Preço é o que se paga. Ele diz respeito a cifras (R$). Valor é o que se leva para casa. Está ligado à percepção e à necessidade de cada cliente. Por isso, existem objetos e bens aos quais uma pessoa pode dar muito valor e outra não!

Quanto maior o valor que eu dou para um objeto, maior será minha disposição em pagar por ele! Por isso, um mesmo objeto pode ser caro para uma pessoa e barato para a outra.

Quer um exemplo? O Iphone. Este aparelho, em média, pode variar de R$ 2.000,00 a R$ 4.000,00 (ou mais), de acordo com as configurações e o modelo. Para alguns, um absurdo. Para outros, uma verdadeira maravilha tecnológica!

Este mesmo conceito se aplica a colecionadores. Há quem esteja disposto a dar muito dinheiro por objetos antigos que, para alguns de nós, não têm valor algum! Atualmente, quem é dono de uma cédula de R$ 1,00 bem conservada, por exemplo, poderá conseguir um comprador (colecionador) que pague de R$ 50,00 a R$ 100,00 para adquiri-la! Ora, mas ela não vale R$ 1,00? Porém, para um colecionador ela vale muito mais.

O que aprendemos com isso?

O caro e o barato dependem da percepção de valor que cada um de nós dá para as coisas. Por esta razão, não diga que é caro aquilo que o cliente não disse que é caro. O que é caro para você pode ser barato para ele, e vice-versa!

Além disso, quanto maior for a minha necessidade por algo, mais disposto estarei a pagar por ele. Basta ser acometido de uma dor de dente insuportável para compreender esta verdade na prática!

53

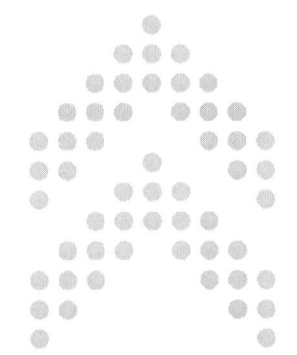

VOCÊ É UM PROFISSIONAL "DO FUTURO" OU "DE FUTURO"?

A melhor maneira de prever o futuro é criá-lo.
PETER DRUCKER

Você é um profissional "do futuro" ou "de futuro"?

Minha torcida é para que você seja um **profissional de futuro**, ou seja, um profissional competente que busca constantemente seu crescimento, que investe em sua formação e que está "antenado" ao mercado de trabalho. Certamente você terá um futuro brilhante!

Quando falamos de profissionais do futuro, nos referimos a pessoas sonhadoras, mas despreparadas ou que não se preocupam com sua capacitação. Claro que este não é o caso de profissionais recém-formados ou recém-chegados ao mercado de trabalho. Os profissionais do futuro são pessoas bem-intencionadas e até experientes, mas com pouco ou nenhum planejamento profissional. Por isso, dificilmente construirão uma longa e bem-sucedida carreira.

O profissional do futuro sonha, mas o profissional de futuro idealiza.

O profissional do futuro dispensa o desenvolvimento contínuo, mas o profissional de futuro vive se capacitando.

O profissional do futuro só fica com a cabeça no futuro e se esquece do presente. O profissional de futuro vê tanto o presente quanto o futuro. Ele planta hoje para colher amanhã!

O profissional do futuro não sabe aonde quer chegar. Não é visionário. Mas o profissional de futuro sabe exatamente aonde quer chegar e quando chegar lá.

O profissional do futuro, com raríssimas exceções, desconhece suas competências e, por isso, não as desenvolve. Já o profissional de futuro conhece suas principais competências e busca incansavelmente aprimorá-las e extrair o melhor de todas elas.

Se você é um profissional de futuro, escreva agora suas cinco principais competências.

Caso você tenha dificuldades em relacioná-las, atenção! Como quer mostrar ao mercado o seu potencial se nem ao menos as suas competências são claras para você?

Faço votos de muito sucesso no presente e que seu futuro seja simplesmente brilhante!

Minhas cinco principais competências são:

54

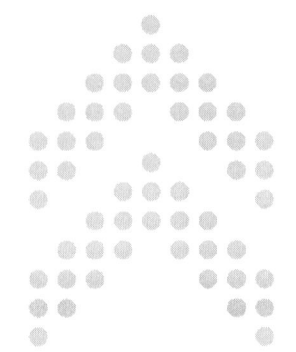

MOTIVAÇÃO EM VENDAS!

As pessoas dizem frequentemente que a motivação não dura. Bem, nem o efeito do banho, por isso recomenda-se diariamente.

ZIG ZIGLAR

Para alcançar o sucesso em vendas, não basta utilizar ótimas técnicas. Nós também precisamos de motivação! O sorriso, a alegria, o entusiasmo, a persistência, os objetivos bem definidos, tudo isso faz diferença. De nada adianta ter todo o conhecimento sobre técnicas de vendas e ser desmotivado. Aliás, eu nunca conheci um vendedor campeão que fosse desmotivado!

Como comentei na dica de número 21, Você é motivado?, muita gente confunde motivação com euforia. E não é diferente quando falamos sobre profissionais de vendas. Vendedores eufóricos estão cheios de boa intenção, mas não entregam resultado. Batem no peito e dizem que vão fazer, que ninguém precisa se preocupar, que podem contar com ele, que a meta já está batida, etc. Fazem muito barulho, mas não são produtivos.

Não confunda barulho e muito movimento com produtividade. O máximo que isso pode significar é desperdício de energia que, a propósito, é mal direcionada.

A motivação é uma porta que se abre de dentro para fora gerando uma energia que nos impulsiona em direção ao nosso objetivo. O entusiasmo é um elemento que sempre está presente quando falamos sobre motivação. A palavra entusiasmo vem do grego *enthousiasmos*, que quer dizer "cheio de *theos*" ou "cheio de Deus". É justamente essa força interior, implantada pelo Criador, que faz a diferença!

Profissionais de vendas motivados superam todos os obstáculos, críticas e até mesmo as piadas.

Quem sabe você já ouviu esta declaração: "Meu pai me mandou estudar, minha mãe também. Eu não estudei e virei vendedor!" Esta é a típica frase de um vendedor desmotivado, ou seja, sem motivos para agir, sem entusiasmo, sem energia. Se der ouvidos a piadas como essa, você será contaminado.

A propósito, você sabia que 1 litro de óleo é capaz de contaminar mais de 25 mil litros de água? Por isso, cuidado!

Vendedores motivados vendem mais porque têm objetivos claros, amam o que fazem, são entusiasmados e otimistas! Se somarmos técnica mais motivação teremos uma combinação perfeita!

Motivo-se e venda mais!

> **Dica de livro:** "Automotivação, Alta Performance", com Zig Ziglar.

55

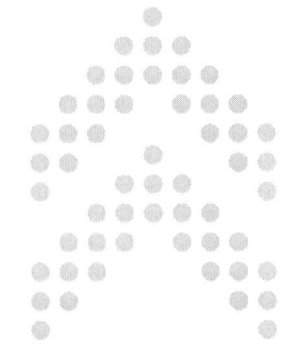

EMPREGABILIDADE

Espetacular é uma pessoa que observa o
futuro e age antes mesmo que ele aconteça.

BERNARD BARUCH

O que é empregabilidade?

Esta expressão diz respeito à capacidade de adequação de um profissional às novas demandas do mercado de trabalho, fazendo com que suas qualidades ou seus diferenciais profissionais e pessoais sejam desejados pelas organizações. É a competência de se manter empregado, ser desejado pelas empresas e ter inúmeros diferenciais em relação a outros profissionais.

É como um produto de altíssima qualidade, disponível no mercado. Tem muita gente de olho e disposta a investir alto para consegui-lo.

Existem profissionais especializados na procura de pessoas talentosas. Esses profissionais são conhecidos como *headhunters*, termo em inglês que significa literalmente "caçadores de cabeças". O foco de um *headhunter* é encontrar no mercado os melhores profissionais para preencherem uma vaga executiva.

Uma maneira de testar sua empregabilidade é cadastrar seu currículo em alguns bancos de talentos e esperar pelo resultado. Será que o mercado está em busca de profissionais como você? Se por um longo período você não receber nenhum contato é um sinal de que sua empregabilidade está em baixa.

Para mudar este cenário, é preciso ser diferente para fazer a diferença! Suas competências técnicas e comportamentais, seus valores morais e sua bagagem profissional precisam fazer diferença em um processo seletivo ou em uma tomada de decisão. Sua contratação precisa valer a pena!

Por isso, faça agora um breve exercício. Responda com muita sinceridade às perguntas abaixo. Elas o ajudarão a refletir e medir sua empregabilidade.

- Por que uma empresa deve contratar você?
- Quais são os seus três grandes diferenciais em relação a outros profissionais no mercado?
- Você gosta de conhecer e interagir com novas tecnologias? Gosta de ler, estudar, participar de treinamentos?
- Analisando sua bagagem profissional, o que é interessante para o mercado?
- Quantos convites você recebeu nos últimos seis meses para trabalhar em outra empresa?
- Sua história de vida pode ser um diferencial? Por quê?

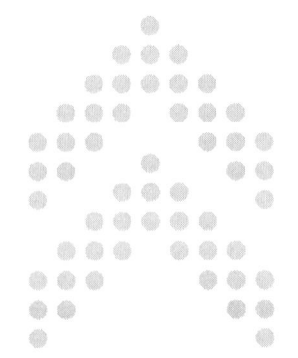

VOCÊ SABE O QUE É *JOB ROTATION*?

O seu aprendizado de hoje é a sua vida de amanhã.

MAICON HERVERTON

Certamente você já deve ter lido ou ouvido esta expressão. *Job rotation*, ou rotação de emprego, é uma prática utilizada por muitas organizações. Ela envolve o rodízio de trabalho. Neste processo, o colaborador passa por diversas áreas e atua em inúmeras funções por um período pré-determinado pela empresa.

Além de agregar experiência, o *job rotation* proporciona ao colaborador um conhecimento apurado de outras áreas, prática em outras funções, *networking*, visão sistêmica dos processos da organização, além de forçá-lo a sair de sua zona de conforto.

O *job rotation* é estrategicamente utilizado no Brasil após a contratação de um novo funcionário (incluindo executivos) ou em processos de estágio ou de formação de *trainees* (muito comum). O colaborador é incentivado a pensar e agir diferente, a olhar os processos sob outro ponto de vista, a aprender coisas novas e a trabalhar em equipe.

Para extrair o melhor desta prática, a empresa deve investir um bom tempo planejando cada ação em que o funcionário será envolvido. Caso contrário, o funcionário pode se sentir um "faz tudo" ou no máximo um "recurso compartilhado".

Por essas e por outras razões, existem muitas críticas quanto a essa prática, principalmente no que se refere ao perigo de o profissional não se tornar especialista em determinada área ou à interrupção de seu aprendizado quando ele muda de setor.

No entanto, não se pode negar os benefícios do *job rotation* para colaboradores e organizações, desde que esse processo seja estrategicamente planejado, estruturado e implementado. Conhecer a dinâmica de trabalho de áreas diferentes da sua proporciona muitos ganhos, como o desenvolvimento de uma visão mais ampliada de todos os processos da organização (visão sistêmica). Imagine que diante de uma oportunidade futura de promoção esta vivência pode fazer a diferença para você!

Lembre-se: estamos aprendendo o tempo todo. Não restrinja seu aprendizado ao que você faz atualmente, a sua área ou departamento. Compreenda como as coisas acontecem em sua empresa e principalmente quais são os processos e meios que são necessários até que o produto ou serviço final seja entregue para o cliente. Desenvolva uma visão sistêmica

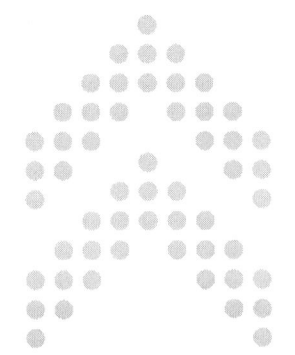

VENDA MAIS! LIVRE-SE DE PRECONCEITOS

O preconceito está na maldade dos olhos de quem vê e na ignorância de quem acha que sempre está com a razão.
LEO CRUZ

Preconceito é um juízo pré-concebido, que se manifesta em uma atitude discriminatória.

O preconceito está ligado a nossa percepção, ou seja, na maneira como nós vemos, julgamos, conceituamos e qualificamos as coisas no mundo e em nós mesmos. Ele é muito perigoso e pode trazer sérias consequências.

Quem sabe você já assistiu ao clássico *Uma linda mulher*, estrelado por Julia Roberts e Richard Gere. Este filme é considerado por muitos especialistas como o de maior sucesso do gênero e um dos mais populares de todos os tempos. Em uma das cenas, Vivian Ward (uma prostituta interpretada por Julia Roberts), entra em uma loja de roupas e pergunta a uma das vendedoras: "Quanto custa isso?" A resposta que recebe é: "Acho que não serve para você! Isto é muito caro e cremos que não temos nada para você! Obviamente está no lugar errado!" Mesmo após Vivian afirmar que tinha dinheiro para gastar ali, a resposta final da vendedora foi: "Por favor, saia!"

Este é um grande exemplo de preconceito. A atitude da vendedora ao atender uma prostituta foi completamente discriminatória, baseada apenas na aparência da cliente.

Durante a aplicação de treinamentos, é muito comum ouvir histórias parecidas com essa, mas reais. Profissionais que julgaram o potencial do cliente pela aparência, cor ou raça. Vendedores que perderam vendas valiosas porque desprezaram o cliente que entrou com chinelo de dedo, roupa rasgada ou suja, etc. Além de completa falta de respeito, esse cliente provavelmente não retorna nunca mais!

Infelizmente, existem profissionais que dão títulos pejorativos aos clientes que estão pesquisando algum produto ou serviço. Entre eles, estão: carne de pescoço, palitinho e caroço. Esse é um péssimo hábito! Certa vez, ouvi uma história em que vendedores conversavam entre si utilizando esses termos, enquanto o cliente andava pela loja. O problema é que o cliente ouviu, ficou extremamente chateado e entrou com uma reclamação formal contra a empresa e seus funcionários! Perto ou longe dos clientes, esses termos pejorativos jamais devem ser utilizados.

Não se esqueça: o cliente é o ativo mais valioso de sua empresa! Por isso, livre-se de qualquer preconceito e venda mais!

Como dizia minha mãe: "Quem vê cara, não vê coração."

58

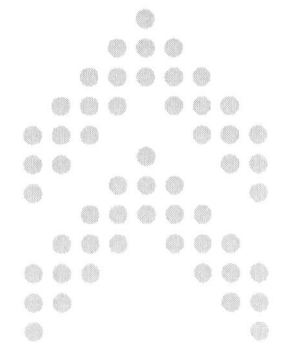

A IMPORTÂNCIA DO APRENDIZADO CONTÍNUO

Se você não tem dúvidas, é porque está mal informado.
MÁRIO SÉRGIO CORTELLA

Você se considera uma pessoa aberta ao aprendizado? Quais são os sinais que atestam sua resposta?

Você já parou para pensar que quanto mais aprendemos, mais percebemos que não sabemos nada? Se nos fechamos ao aprendizado achando que sabemos muito, limitamos nosso desenvolvimento (psicológico, social, profissional, etc.), transformando-nos em pessoas meramente ignorantes.

Confúcio (551-478 a.C.) afirmava que "a ignorância é a noite (escuridão) da mente!".

É por isso que muitas pessoas afirmam que o conhecimento liberta, mas a ignorância aprisiona. Jô Soares disse certa vez que "o maior inimigo de um governo é um povo culto".

Quando admitimos nossas limitações e procuramos por respostas, abrimos nossa mente para o aprendizado. Por isso, mesmo profissionais experientes ou veteranos na profissão terão alguma coisa para aprender. Afinal, nossa mente não possui limites para absorver o conhecimento. Não é como um copo que transborda por não comportar muito líquido. Muito pelo contrário! Em nosso cérebro, sempre haverá espaço para o conhecimento. É como uma esponja.

Mário Sérgio Cortella, grande filósofo brasileiro, afirma que ser idoso não é necessariamente ser velho. Idoso é quem tem muita idade e velho é quem acha que não precisa aprender mais!

Veja o que diz este provérbio russo:

O peixe começa a apodrecer pela cabeça.

Portanto, busque aprender sempre! Fuja da zona de conforto, da mediocridade e da ignorância. Abra sua mente ao aprendizado! Somente haverá espaço para o crescimento quando eu e você admitirmos que somos pequenos.

Termino esta dica com as afirmações de Beda, filósofo, teólogo e historiador:

São três os caminhos para o fracasso:

1. Não ensinar o que se sabe.
2. Não praticar o que se ensina.
3. Não perguntar o que se ignora.

Vivendo e aprendendo!

59

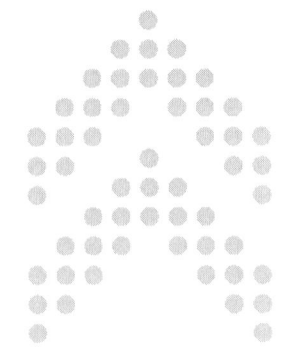

VOCÊ É CRIATIVO?

A criatividade é o que separa os ganhadores dos outros competidores no mundo emergente de negócios e na vida.

JOSH LINKNER

Atualmente, várias competências são fundamentais para os profissionais que querem se destacar e obter sucesso na carreira. Em maior ou menor intensidade, a criatividade é hoje uma competência essencial para profissionais, empreendedores e pessoas que desejam superar obstáculos e atingir suas metas.

Ser criativo vai além de produzir boas ideias ou ter uma habilidade intelectual específica. O ser criativo é capaz de encontrar soluções e novas maneiras de fazer melhor alguma coisa. Ser criativo é ser produtivo.

Segundo Fernando Baracchini, CEO do Grupo Editorial Novo Conceito, "ser criativo *é encontrar soluções novas para problemas conhecidos*".

Por isso, muitas instituições de ensino e organizações estão investindo cada vez mais pesado no desenvolvimento desta competência!

Pesquisas[9] apontam que as empresas norte-americanas aumentaram bastante os seus investimentos em treinamento formal com programas de criatividade, investindo aproximadamente US$ 80 bilhões. Estima-se que 48% das empresas norte-americanas estavam oferecendo algum treinamento de média duração em criatividade.

A intensidade pode variar de um indivíduo para o outro, mas todo ser humano é criativo. É com ela que empreendedores lançam novos produtos ou serviços no mercado, executivos apontam soluções em meio à crise e o ser humano consegue vencer grandes obstáculos que surgem durante a vida.

A curiosidade é o elemento-chave para quem é criativo.

Sem interesse sobre o que o mundo tem a oferecer, o que faz as coisas funcionarem, quais ideias os outros têm, você tem poucos motivos para ser criativo.
— Vitor Mirshawka

Por isso é tão importante ouvir ideias diferentes das suas, pontos de vista que não são os seus, e estar aberto às mudanças.

A propósito, muita gente afirma que o ser humano se torna menos curioso ao longo dos anos. É justamente neste ponto que as crianças nos dão um belo exemplo!

Portanto, livre-se do paradigmas e crenças limitantes. Seja criativo!

---

9 Fonte desta pesquisa: Livro *Qualidade da Criatividade*. Vitor Mirshawka Jr. e Vitor Mirshawka.

60

CUIDADO COM AS RESISTÊNCIAS ÀS MUDANÇAS

Não tenha medo da mudança. Ela assusta, mas poderá ser a chave daquela porta que você tanto almeja entrar.
AUTOR DESCONHECIDO

Quais fatores podem gerar tanta resistência nas pessoas? É preciso admitir, o medo das mudanças está nesta lista!

Mudar nunca foi e nunca será confortável. Aliás, não existe mudança confortável. Pense comigo: desde as mudanças mais simples até as mais complexas, mudar causa desconforto. Saímos de um estado confortável e cômodo e pisamos em terreno (até o momento) desconhecido.

Pense, por exemplo, há quanto tempo você dorme do mesmo lado da cama. Ora, se decidir dormir do outro lado, provavelmente você se sentirá desconfortável. Quem sabe até cairá da cama durante a noite!

As mudanças são capazes de produzir diversos sentimentos dentro de uma organização, dentre eles o pessimismo, a desconfiança, a desmotivação e o maior deles, o medo. É justamente a mistura desses sentimentos que causa a resistência ao novo.

Atualmente, com o crescente número de aquisições e fusões entre as companhias, a rápida adaptação ao novo é cada vez mais exigida dos profissionais. Para que isto ocorra, é preciso muita flexibilidade, otimismo e disposição para reaprender. Afinal, aquilo que ontem era tido como regra absoluta, hoje já não tem mais valor. Políticas, procedimentos e estratégias são substituídos por uma nova forma de ser e fazer.

Lembro-me bem de quando participei de um grande processo de fusão em uma das maiores empresas do varejo brasileiro. Os sentimentos observados nas equipes eram os mais variados possíveis. Em alguns momentos, até opostos.

Mas é bom lembrar que aprendemos muito com as mudanças. Crescemos com elas. Se pensarmos bem, a vida é uma constante mudança. Estamos mudando fisicamente, por exemplo, desde que nascemos!

A mudança pode assustar, mas quem sabe é a chave daquela porta que você tanto almeja entrar!

Portanto, busque ser flexível e esteja aberto para o novo! Atualmente, adaptar-se às mudanças é fundamental.

Mas antes de pensar em mudar o mundo, comece por você! O progresso virá de mãos dadas com a mudança.

> Não existe progresso sem mudança.
> E, quem não consegue mudar a si mesmo,
> acaba não mudando coisa alguma.
> **— George Bernard Shaw**

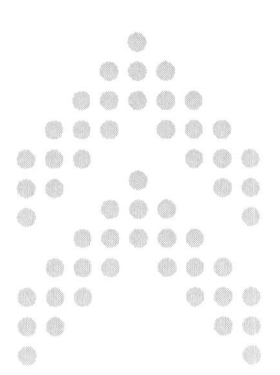

OS MAIORES DESAFIOS DE UM LÍDER

Liderança não é sobre títulos, cargos ou hierarquias.
Trata-se de uma vida que influencia outra.
JOHN C. MAXWELL

Liderança é um dos temas mais abordados, abrangentes e debatidos no meio acadêmico e profissional. Fonte de diversos estudos e pesquisas, este tema ganha cada dia mais relevância.

Não é por acaso que vemos tantos livros (como este), palestras e treinamentos que abordam o assunto.

Obviamente, seria impossível esgotar este tema em duas ou três dicas, dada sua profundidade. Mas nesta dica, especificamente, quero promover uma reflexão sobre os grandes desafios do líder.

Na sua opinião, quais são os maiores desafios (e por que não dizer responsabilidades) de um líder?

Certamente são muitos! Quero abordar apenas três.

1. Inspirar. Significa infundir sentimento, emoção, estado de espírito. É impressionar muito, ser exemplo e despertar em alguém a vontade de fazer algo. É convencer o time de que vale a pena todos os esforços para atingir o resultado. Quer exemplos de líderes que inspiraram? Jesus Cristo, Martin Luther King, Nelson Mandela e Winston Churchill. E você, inspira seus liderados?

2. Ouvir. Essa é uma séria dificuldade de muitos líderes. Lembre-se de que escutar é diferente de ouvir, como já apresentado na dica de número 46, Influência e Persuasão. Ouvir é dar atenção, é ser empático, se colocar no lugar do outro. Ser bom ouvinte não é sinal de fraqueza nem de despreparo. Muito pelo contrário, ao ouvir você demonstra interesse pelo outro, dedica-se a conhecer seus liderados e dá abertura ao diálogo. Todos ganham com isso! Reflexão: no exercício da liderança, temos escutado ou ouvido mais?

3. Desenvolver pessoas. Esse é um grande desafio e também uma grande responsabilidade. Será necessário dedicar muito tempo e atenção e acompanhar de perto a evolução de cada profissional. Descentralizar e delegar serão essenciais neste processo. Não adianta reclamar continuamente do time que você mesmo contratou! Você escalou este time para jogar! Agora é preciso treino, muito treino. Esteja próximo, mostre como se faz, acompanhe, dedique tempo.

Agindo assim, você terá uma equipe mais madura e preparada para ganhar campeonatos!

62

RESILIÊNCIA

Seja resiliente, acredite na sua força,
no seu potencial, creia que é capaz e você será!

ROGER STANKEWSKI

Vivemos um tempo de cobranças diárias, seja na empresa ou fora dela. As exigências parecem aumentar a cada dia e a pressão pela entrega de resultados tem mexido com a cabeça de muita gente! E é exatamente por isso que conhecemos tantos profissionais descontentes, estressados e desmotivados.

Em meio a estes desafios, uma competência ganha força e se torna essencial diante dos grandes desafios e pressões da vida e do mercado de trabalho: a resiliência.

Resiliência é um termo oriundo do latim *resiliens,* que significa voltar ao estado normal. É a capacidade de voltar ao estado original após um período de grande pressão ou impacto.

Lembro-me de utilizar esta expressão quando vendia colchões em uma grande rede varejista. Afinal, resiliência é essencial nas espumas dos colchões, que após sofrerem grande deformação devem retornar ao seu estado original.

Esta habilidade de lidar com pressões, traumas, perdas, crises e desafios, recuperando-se diante deles e transformando cada experiência em oportunidade de crescimento, pode ser vista na vida de algumas pessoas muito conhecidas. Por exemplo, Reynaldo Gianecchini superou um câncer e transformou suas experiências negativas em aprendizado. Nicholas James Vujicic, que nasceu sem os membros superiores e inferiores, transformou suas limitações físicas em ferramentas de motivação. Hoje ele inspira milhares de pessoas em suas palestras a também superarem seus obstáculos fazendo deles um trampolim para o crescimento pessoal e profissional.

É fácil ser resiliente? Claro que não! Eu mesmo já vivi na pele este desafio quando aos 19 anos sofri uma grande pressão para sair de casa. Tive de enfrentar a desconfiança, o medo do desconhecido e lutar diariamente contra pensamentos negativos que por vezes queriam dominar minha mente. Mas eu não recuei e utilizei esta mesma energia como mola propulsora!

Reflexão: como você se comporta diante de uma crise, seja ela de qualquer natureza? Frente a uma situação difícil ou de pressão, o que você faz? Você consegue utilizar esta energia acumulada com a pressão para sair de uma crise? Quais aprendizados este episódio traz para você?

Lembre-se de que a pressão excessiva e a ausência de resiliência e estrutura emocional podem dar origem à depressão.

Eis o desafio. Sejamos resilientes!

QUATRO LIÇÕES DO "MINEIRAZO" PARA A VIDA CORPORATIVA

A vontade de se preparar tem que ser maior do que a vontade de vencer. Vencer será consequência da boa preparação.

BERNARDINHO

Certamente você, assim como eu, ficou perplexo diante do vexame vivido na Copa do Mundo de 2014 pela seleção brasileira ao protagonizar a pior derrota de sua história! Ao perder de 7 a 1 para a Alemanha, assistimos ao "Mineirazo", situação ainda pior do que o famoso "Maracanazo" de 1950.

Afinal de contas, jogávamos em casa e contávamos com o apoio da fanática torcida brasileira. Mas isso não é suficiente para ganhar o jogo e muito menos o campeonato!

Obviamente, meu objetivo aqui não é agir como um juiz e muito menos esgotar os aprendizados que tivemos com essa dolorosa derrota. Mas, fazendo um paralelo com a vida corporativa, que lições podemos aprender com o "Mineirazo"?

1. Preparação. A seleção alemã foi para a Copa de 2014 muito mais preparada do que a nossa! Planejaram mais, treinaram mais, esforçaram-se mais. Investiram nas categorias de base e muitos jogadores já estão juntos desde a Copa de 2006. Reflexão: Seus colaboradores estão capacitados? Sua empresa investe em capacitação? Você tem uma equipe coesa?

2. Escalação. A escalação da seleção brasileira não era a ideal para enfrentar o "concorrente" ao título. Só funcionava na teoria, pois na prática sentimos as deficiências de nossa defesa e principalmente do meio de campo. Reflexão: Sua empresa tem um eficiente processo de recrutamento e seleção? Os profissionais estão "escalados" no lugar certo? Você se sente bem na função atual? É capaz de dar o seu melhor nesta função?

3. Apagão. Nunca vi uma seleção tomar quatro gols em seis minutos! Este momento foi chamado pela mídia de "apagão". Reflexão: Sua equipe já sofreu algum "apagão"? Diante de um fraco desempenho, como ela reage? E a sua carreira, tem foco ou anda apagada? O que você pode fazer para retomar o foco?

4. Mudança. Esperar o intervalo do jogo para substituir alguns jogadores foi uma péssima decisão. Não podíamos esperar tanto. A equipe estava sem rumo e desorganizada taticamente. Reflexão: Você, como líder, mexe assertivamente no seu time ou tem insistido demais com "escalações" que não dão resultado? Você é refém de alguma "estrela"? Falta coragem para tomar determinadas decisões?

É preciso humildade para aprender com os erros e coragem para se levantar e mudar! Além disso, jamais subestime a força de seu concorrente. Fique de olho nele! Lembre-se de que o sucesso do passado não assegura o sucesso do futuro!

64

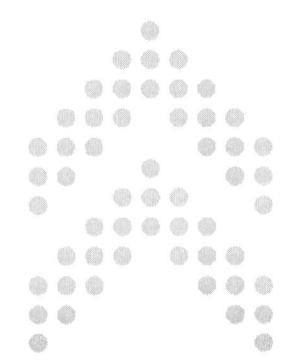

O CLIENTE SEMPRE TEM RAZÃO?

O paradigma mudou. Produtos vêm e vão.
A unidade de valor hoje é o relacionamento com o cliente.

BOB WAYLAND

Há quem defenda, com "unhas e dentes", a máxima de que o cliente sempre tem razão. Cá entre nós, há situações em que o cliente não tem razão.

Quer um exemplo? O cliente "bate o pé" e exige a troca de um eletrônico após um ou dois anos de uso. Esta solicitação não tem respaldo na lei e o estabelecimento pode até trocar como "cortesia", como exceção. Já vi muito cliente bater na mesa do gerente, gritar, jogar produtos no chão, forçar a devolução de um produto sem o manual, sem os acessórios, sem a caixa e às vezes (pasmem), até quebrado por mau uso!

Como gestor ou empresário, prepare-se para agir com muita paciência, cuidado e respeito quando o assunto for "direitos do consumidor". Obviamente não são todos os casos, mas infelizmente existem pessoas que tentam se aproveitar de determinadas situações para conseguir o dinheiro de volta ou um produto novo.

Mas isso não significa que empresas e gestores devem atuar de maneira irredutível e inflexível em determinadas situações. Para tudo cabe o bom senso! Diante de uma resposta positiva ou negativa, o mais importante é manter o relacionamento com o cliente. Além disso, não adianta se estressar, pular, gritar com o cliente. Será pior. Pense em sua saúde (física e emocional)! Como já dizia o sábio rei Salomão:

A resposta branda desvia o furor (Bíblia, Provérbios 15:1).

Quando a solução estiver ao seu alcance ou você quiser se livrar de discussões cansativas e desnecessárias, lembre-se de que existem duas regras de ouro no atendimento ao cliente:

1. O cliente sempre tem razão.

2. Se o cliente não tiver razão, releia a regra nº 1.

Caso for possível, busque um acordo, seja flexível, mantenha seu controle emocional e não parta para o ataque! Se o acordo não for possível, saiba dizer não:

Compreendo a indignação do(a) senhor(a). Coloco-me no seu lugar, mas quero que saiba que, caso seu pedido estivesse dentro das normas legais e tivéssemos uma única chance, certamente atenderíamos a sua solicitação.

Lembre-se: o jeito que você fala é tão importante quanto o que você fala! E isso vale para qualquer situação em sua vida.

65

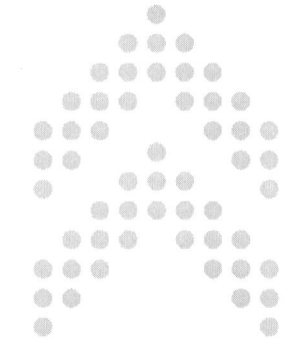

EMPREENDEDORISMO

Cada sonho que você deixa para trás é um pedaço do seu futuro que deixa de existir.

STEVE JOBS

Há pouco tempo recebi uma mensagem de uma profissional pedindo dicas sobre empreendedorismo. Ela não sabia exatamente como começar e queria saber se vale a pena investir em um negócio próprio no Brasil.

Sabemos que a economia brasileira não vai bem, mas é possível ter sucesso com seu próprio negócio. Não existe "fórmula mágica"! As estratégias variam e dependem muito do ramo em questão, sua experiência, investimento necessário, etc.

Relaciono abaixo algumas dicas para quem quer abrir seu próprio negócio e dar início à "carreira solo":

1. Procure o SEBRAE de sua região. Eles são especialistas e realizam excelentes cursos e palestras sobre empreendedorismo. Você terá a oportunidade, por exemplo, de criar seu plano de negócios, um passo importante para quem quer empreender. Além disso, você pode optar por receber consultoria para ser mais assertivo em suas decisões.

2. Não subestime um bom planejamento. Pesquisas comprovam que a falta de planejamento é a maior causa de falência das empresas. Portanto, antes de sair por aí testando suas ideias, é melhor pensar e planejar cada ação.

3. Tenha uma boa reserva financeira. Em média, são necessários dois anos para começar a se estabilizar (claro que depende do ramo de atuação). Minha sugestão é que você tenha uma reserva financeira para pelo menos dois anos. Some seus gastos mensais atuais e depois multiplique por 24. Guarde este dinheiro. Você vai precisar!

4. Tenha um diferencial competitivo. Já comentamos sobre isso na dica de número 49. Se você for igual ao concorrente, será apenas mais um!

5. Crie uma marca forte. Dê preferência por nomes curtos e que "colem" facilmente na mente dos clientes. Quer um exemplo? Minha consultoria, a T7 Treinamentos. Já ouvimos algumas vezes as pessoas afirmarem: "Eu fiz treinamento com a T7", "Adorei a metodologia da T7", etc. Ficamos muito felizes com isso! É um nome curto e de fácil memorização.

6. Capriche no logotipo e no site. A primeira impressão é a que fica! É a sua marca que está em jogo. Por isso, vale a pena investir na criação de um bom logotipo e de um site.

Em síntese, seja visionário, pense grande e trabalhe no que gosta. Acredite em seu negócio e vá em frente!

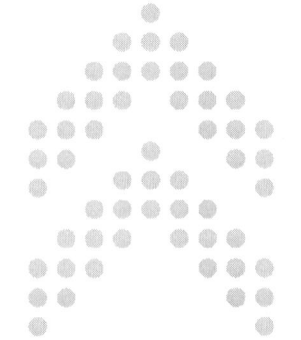

SEJA ASSERTIVO EM SUAS CONTRATAÇÕES

A contratação de um colaborador é uma das atividades gerenciais mais importantes e também uma das mais negligenciadas.

PETER DRUCKER

Você consegue se lembrar das suas últimas contratações? Onde e como estão estes profissionais? Eles permanecem na empresa? Foram promovidos ou já foram desligados?

Não basta ser assertivo nos *feedbacks*, nas reuniões, na delegação ou na administração do tempo. O líder deve ser assertivo nas contratações!

Segundo Peter Drucker (considerado o pai da administração moderna), esta é uma das atividades mais importantes do líder e uma das mais negligenciadas.

Em meus treinamentos voltados à liderança, costumo abordar algumas falhas no que diz respeito à contratação de novos colaboradores. Veja abaixo algumas delas:

Falha nº 1. "Delargar" a atividade. Muitos líderes "delargam" esta atividade e insistem em dizer que não têm tempo ou que a responsabilidade é da área de Recursos Humanos. Outros acham a tarefa muito chata mesmo. Claro que a área de Recursos Humanos pode ajudar, mas já que o profissional vai trabalhar em sua equipe nada mais coerente do que você participar de uma das etapas envolvidas na seleção, principalmente na entrevista. Depois não adianta reclamar, jogar a culpa no RH, etc.

Falha nº 2. Focar apenas nas competências técnicas. Essas são competências que podem ser aprendidas em um curso. Não se empolgue com a "beleza do currículo"! O interessante é que na hora de demitir muitos líderes o fazem com base nas competências comportamentais. Pura incoerência! As dinâmicas e entrevistas visam identificar as competências comportamentais. Essas etapas são muito importantes para uma contratação assertiva!

Falha nº 3. Improviso. Essa falha é mais comum em empresas de pequeno porte ou microempresas. Não há planejamento para divulgação das vagas, para filtrar os candidatos, realizar uma dinâmica (quando existe) e muito menos para aplicar uma entrevista. Assim como os candidatos se preparam para um processo seletivo, os líderes e demais departamentos envolvidos precisam se preparar e planejar a condução deste processo.

É em razão destas e de outras falhas que vemos um nível tão alto de *turnover* nas empresas, além de colaboradores que não se identificam com a cultura da organização nem com a função exercida. Detalhe: esta conta sai cara! São milhões jogados no lixo por um erro que poderia ser corrigido por meio de uma contratação mais assertiva.

COMO ALAVANCAR SUAS VENDAS DIANTE DO BAIXO CRESCIMENTO DA ECONOMIA

As oportunidades normalmente se apresentam disfarçadas de trabalho árduo. E é por isso que muitos não as reconhecem.

ANN LANDERS

Nestes momentos de tamanha incerteza e baixo crescimento econômico, algumas atitudes podem contribuir para o sucesso em suas vendas. Ser criativo e investir nas redes sociais, por exemplo, é importantíssimo. É claro que o atendimento ao cliente também faz muita diferença (já exploramos esta vantagem em outras dicas apresentadas neste livro).

Ponto para reflexão: você implementou nos últimos três meses alguma ação criativa para alavancar seu negócio? Tem investido em ações diferenciadas para prospectar clientes?

É possível atrair os consumidores e manter o consumo desde que ofereçamos algo a mais, algo diferente, criativo. Isto não implica necessariamente altos investimentos com publicidade. Existem ações que são baratas, criativas e muito eficazes, como uma promoção relâmpago, sorteios, "leve 3 pague 2", locução, brindes, *layout* moderno e agradável, etc. Não adianta ficar inerte e só reclamar da economia. Seja criativo!

Há poucos dias, assisti a uma reportagem muito interessante. Uma papelaria estava concedendo descontos se o cliente trouxesse seus livros e cadernos velhos para reciclagem. O material era recolhido e pesado. Os descontos variavam de acordo com o peso. Que ideia genial! Isso estimula o consumo, é diferente e contribuiu com o meio ambiente.

Outra atitude que pode fazer a diferença é explorar as redes sociais. Ainda hoje, mesmo com a popularização da internet e de tantas redes sociais, não são muitas as empresas que utilizam esta ferramenta para divulgar seus produtos e serviços e atrair clientes.

Entenda: mesmo que você não goste de tecnologia ou de redes sociais, a maioria dos clientes gosta.

Por isso, faça com que sua empresa esteja sempre acessível. Os clientes se encantam com postagens criativas, informações relevantes, além de dicas e promoções publicadas nas redes sociais. Uma página oficial no Facebook ou Instagram, por exemplo, pode produzir excelentes resultados!

Diante dos momentos de incerteza e de queda no consumo, não espere os clientes chegarem até você. Vá até eles! Ações criativas no ponto de venda e nas redes sociais aumentam as chances de você conseguir excelentes resultados.

68

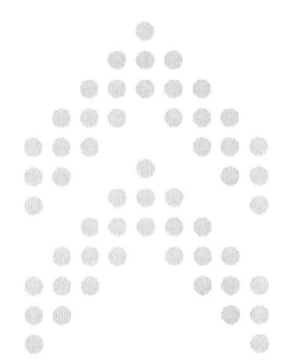

REDUZA O *TURNOVER*! TREINE SEUS COLABORADORES

Quanto mais você sua no treinamento,
menos sangra no campo de batalha.
GEORGE S. PATTON

Como profissional que atua há mais de 15 anos com treinamento e desenvolvimento, costumo ouvir declarações muito equivocadas acerca do investimento em treinamento. Certa vez, ouvi um gestor dizer: "Precisamos reduzir custos! Vamos começar pelos treinamentos." Um grande erro!

Enquanto o desenvolvimento de pessoas for visto como custo, mais e mais profissionais trabalharão desmotivados, o *turnover* (índice de rotatividade de pessoal que está ligado à quantidade de profissionais que entram e saem da organização) aumentará, o atendimento ao cliente piorará e os resultados da organização serão afetados. Ou seja, gasta-se mais não treinando do que treinando!

Treinar e desenvolver pessoas deve ser encarado como investimento e não custo! Dezenas de pesquisas já comprovaram que não é a remuneração que mais atrai profissionais para as empresas ou que gera engajamento nos que já estão (principalmente para a geração Y e Z). Muitos estão em busca de crescimento e desenvolvimento pessoal e profissional.

Em outra ocasião, ouvi uma pessoa afirmar: "Vamos capacitar a pessoa e ainda corremos o risco de perdê-la para a concorrência!" O risco existe de qualquer forma, mas ele será maior se você não investir em capacitação. O colaborador pode se sentir atraído por ofertas de trabalho que ofereçam oportunidades de crescimento na carreira, acompanhadas de assertivas ações de treinamento e desenvolvimento.

Além de gerar resultados para a organização (afinal colaboradores mais capacitados produzem mais), o treinamento contribui para integrar a equipe, para disseminar a cultura da empresa e para reduzir o *turnover*, tão temido hoje em diversas empresas.

Lembre-se também de que é responsabilidade da empresa desenvolver seus colaboradores. Nenhum deles poderá ser cobrado por algo que não aprendeu ou que não foi desenvolvido. É preciso dar ferramentas e orientar. Por isso o treinamento é tão importante.

Não abra mão do treinamento! Você, sua equipe, sua empresa e principalmente os clientes serão os maiores beneficiados!

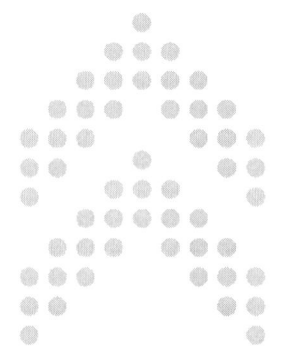

BENEFÍCIOS DO *MENTORING*

Seja humilde para aprender.
E mais humilde ainda para ensinar.

GERAÇÃO DE VALOR

Você já ouviu falar em *mentoring*? Caso ainda não tenha ouvido, certamente deve conhecer a figura do "tutor" ou conselheiro.

Em síntese, *mentoring* pode ser traduzido como tutoria, mentoria ou até apadrinhamento. Atualmente, o *mentoring* é uma ferramenta de desenvolvimento pessoal e profissional muito utilizada pelas empresas. Para que esse desenvolvimento ocorra, um profissional mais experiente orienta um profissional menos experiente. Esse profissional sênior não é necessariamente o líder imediato do colaborador júnior. Ele pode ser um par ou um profissional que está perto de se aposentar ou de sair da empresa, por exemplo.

Diferentemente do *coaching*, o *mentoring* não tem um prazo para acontecer, podendo durar dias, semanas ou meses, dentro ou fora da organização. Como guia ou conselheiro, o objetivo do mentor é transmitir conhecimentos e experiências ao mentorando, deixando-o apto e seguro para desempenhar suas funções dentro da organização.

Muitas vezes, esse processo ocorre por meio de conversas informais e com assuntos que não precisam necessariamente estar conectados com o cotidiano profissional, sendo, portanto, uma ferramenta que também contribui com o desenvolvimento pessoal.

Cabe destacar os benefícios que o *mentoring* pode trazer, principalmente para as organizações. Além de gerar satisfação para quem está à frente do processo (neste caso, o mentor), que compartilha suas ricas experiências e conhecimentos com o mais novato, o *mentoring* contribui bastante com o desenvolvimento de profissionais menos experientes que passam a visualizar de forma mais sistêmica e apurada as suas atribuições, ganhando mais segurança para o exercício de sua função. Além disso, o colaborador mais novato internaliza a cultura da empresa e conhece mais rapidamente as áreas com as quais vai se relacionar.

Portanto, os benefícios são muito positivos, tanto para o mentor quanto para o mentorando.

Por fim, cabe destacar que é fundamental que uma pessoa que queira ser desenvolvida esteja aberta ao aprendizado. Por mais que o mentor seja experiente, muito capacitado e esteja disposto a ajudar, o processo pode ficar comprometido se não houver cooperação, diálogo e abertura ao aprendizado.

Humildade é o primeiro degrau para a sabedoria.

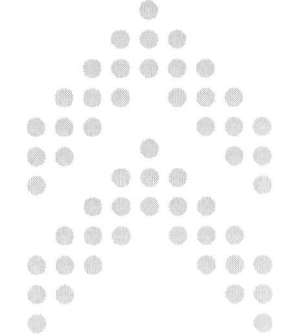

# OS TRÊS Cs QUE NÃO PODEM FALTAR EM SUA VIDA

Pequenas mudanças fortalecem novos hábitos.
PROSA DE CORA

Se você pensou em chocolate, café ou cachorro quente, está enganado! Tudo isso é muito bom, mas os Três Cs desta dica têm ligação direta com sua carreira e com sua maneira de levar a vida.

O primeiro C desta tríade é ***Começar***.

Quem sabe você já tenha dito em algum momento de sua vida que começaria algo e nunca começou. Essa ideia nunca saiu do papel, esse projeto nunca saiu da gaveta! Faz anos que você vem postergando, procrastinando e talvez até "empurrando com a barriga" tantos sonhos e objetivos. É muito comum fazermos promessas nas viradas de ano e estabelecermos compromissos que posteriormente são deixados de lado. Por exemplo, o compromisso de emagrecer, de se matricular em uma academia, de cursar uma faculdade... E o que saiu do papel até agora? Se você está vivendo algo do tipo, falta-lhe iniciativa! Não espere o momento perfeito para começar, porque simplesmente ele não existe. Feito é melhor que perfeito desde que bem feito. É hora de tomar o protagonismo de sua vida e colocar essas ideias e projetos em prática! Não postergue mais, não adie mais. O momento é hoje, a hora é agora!

O segundo C é **C**ontinuar.

Há quem comece, mas não continua. Abre mão de algo no meio do caminho. Pode ser até mesmo a adoção de um novo hábito. Estudos científicos afirmam que a implantação de um novo hábito leva em torno de 21 dias. Portanto, os primeiros 21 dias são os mais desafiadores nesta jornada. Quantas coisas em sua vida você já parou pela metade? A academia? O regime? Aquele livro? Pois bem, é hora de continuar, retomar o foco naquilo que é importante em sua vida e que foi deixado de lado.

O último C desta tríade é **C**oncluir.

Não adianta começar, continuar e não concluir. Falo aqui de "acabativa", aspecto tão importante quando iniciativa. Chegar a 99% do objetivo significa não atingir o objetivo. Não pare! Não abra mão de objetivos tão importantes que um dia foram iniciados e que você deu continuidade. Não abandone seus sonhos, seus projetos, seus objetivos, novos hábitos, por mais que esteja sendo difícil ou doloroso. Você está perto demais da meta para parar agora. Conclua o que um dia você começou!

Aproveite o dia de hoje para refletir sobre os Três Cs que não podem faltar em sua vida.

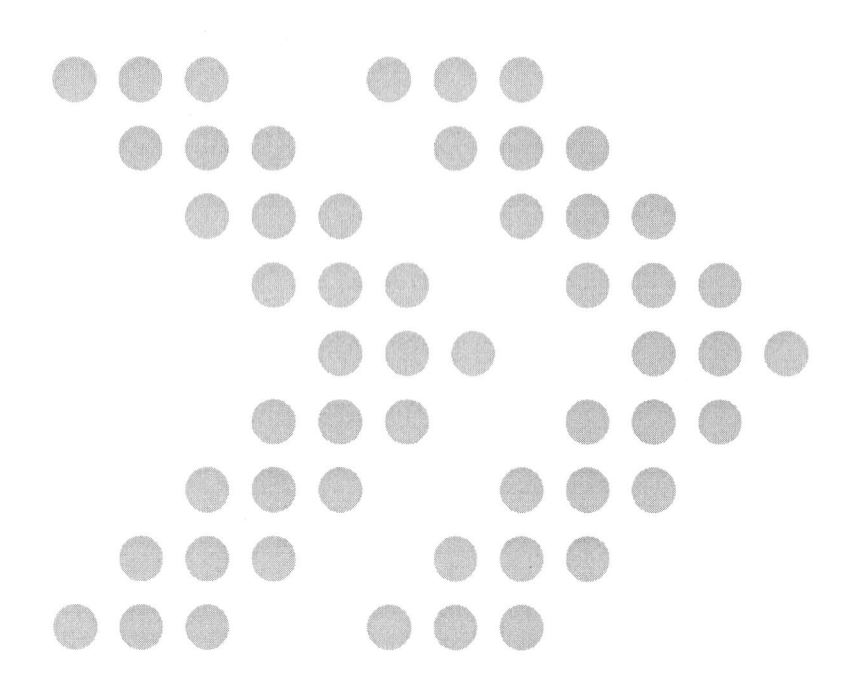

MENSAGEM FINAL

Meus parabéns por ter chegado até aqui!

Ao longo desta jornada, você refletiu sobre vários conceitos, hábitos e atitudes que impactam diretamente sua carreira, sua vida e seus negócios. Minha torcida é que a leitura deste livro tenha lhe proporcionado mais conhecimento e também o incentivado a agir.

O que muda sua vida não é o que você sabe, mas aquilo que você faz com o que sabe. Todo processo de aperfeiçoamento, seja no âmbito pessoal, seja no profissional, implica em mudanças. Ninguém muda ficando parado, estático ou inerte. Mudança implica em ação, atitude, em tomar decisões importantes que trarão impactos positivos sobre seu futuro e sobre a pessoa que deseja se tornar. Pode não parecer muito, mas evoluir 1% todos os dias fará de você uma pessoa muito melhor e completamente diferente três meses depois. Mesmo que algo não saia como o planejado, não é o que acontece com você que muda seu destino, mas o que você faz com o que acontece com você!

Sendo assim, é hora de colocar em prática as lições apresentadas e ser o protagonista de sua vida. Se até aqui sua vida ou sua carreira estava no "piloto automático", é hora de mudar! Não se contente com o mediano, com o raso ou com o mínimo necessário. Dê o melhor de você e as recompensas virão na mesma proporção.

Lembre-se que o único lugar em que sucesso vem antes de trabalho é no dicionário. Será necessário trabalhar duro e manter o foco e persistência para atingir os seus objetivos. Não espere com o mínimo esforço obter a máxima recompensa. Como afirmou Thomas Edison:

Talento é 1% de inspiração e 99% de transpiração.

Ao longo de minha trajetória, pude notar o quanto estas verdades são reais. Quem visualiza o retrato atual de minha vida sem conhecer as cenas anteriores deste "filme" não consegue dimensionar o quanto foi trabalhoso e desafiador chegar até aqui. Familiares e amigos mais chegados conhecem as privações que passei, os momentos de incerteza, medo, angústia, solidão e algumas decepções que vivi. Já morei de favor (até mesmo dentro de uma igreja), dormi em colchões que mais pareciam um cobertor e comi pão com açúcar para não passar fome. Mas eu segui em frente dando um passo de cada vez. Transformei minhas batalhas diárias em combustível capaz de me levar cada vez mais longe e mais alto. Minha vida e minha carreira foram potencializadas, formei uma linda família e realizei muitos sonhos.

Mas ninguém alcança o sucesso sozinho. Afirmar tal coisa é completa falta de gratidão. Fui influenciado e apoiado por pessoas muito boas, que me inspiraram e me aconselharam. Gratidão a todas elas! Minha convicção sobre o poder transformador dos relacionamentos saudáveis ficou ainda mais forte!

Não existe uma receita nem fórmula mágica para o sucesso, mas posso afirmar que as pessoas que você escolhe para compor seu círculo de amizades exercem grande influência sobre o que você é e sobre o que você se tornará no futuro.

Torço para que os seus relacionamentos sejam saudáveis e para que as suas escolhas ao longo da vida sejam as mais assertivas possíveis. De fato, tudo é uma questão de escolha! Você escolhe se quer colocar em prática as dicas apresentadas neste livro, escolhe seus relacionamentos, escolhe sua profissão, a pessoa com quem deseja se casar e tantas outras coisas. Sim, fazemos muitas escolhas ao longo da vida e por isso saber escolher é tão importante. Lembre-se de que a ideia de abrir mão de uma escolha é completamente ilusória, pois "abrir mão de uma escolha" nada mais é do que fazer uma escolha.

> Você é livre para fazer as suas escolhas,
> mas é prisioneiro das consequências.
> — **Pablo Neruda**

Esta obra foi concluída durante uma das maiores crises já vistas no mundo, decorrente da pandemia da COVID-19. Por essas e outras razões, finalizo este livro incentivando-o a ter fé. Fé para superar os obstáculos, fé para vencer as batalhas, fé para tornar os seus sonhos realidade! Por mais que você esteja atravessando um momento difícil ou que as coisas não estejam claras hoje, você precisa ter fé e seguir em frente.

Posso lhe garantir que eu não teria chegado até aqui sem fé. Deus me agraciou com muitas bênçãos, muitas conquistas e vitórias. Nada disso seria possível se as mãos de Deus não estivessem estendidas sobre mim.

Você precisa confiar, não só em si e nos seus talentos, mas também naquele que te criou. Deus se alegra com as suas conquistas.

Confie no SENHOR de todo o seu coração e não se apoie na sua própria inteligência. Lembre de Deus em tudo o que fizer, e Ele lhe mostrará o caminho certo (Bíblia, Provérbios 3:5-6).

Siga em frente com humildade e perseverança. Seja grato, tenha fé e mantenha o foco em seu sonho.

Faço votos de que você tenha muito sucesso em sua carreira, em sua vida e em seus negócios!

Forte abraço!

REFERÊNCIAS

BARBOSA, Christian. *A tríade do tempo:* um modelo comprovado para organizar sua vida e aumentar sua produtividade e seu equilíbrio. Rio de Janeiro: Sextante, 2011.

HEALY, Kent; CANFIELD, Jack. *Jovens com atitude enriquecem mais rápido.* São Paulo: Universo dos Livros, 2013.

MAXWELL, John C. *Talento não é tudo:* descubra os 13 princípios para você superar seus talentos e maximizar suas habilidades. Rio de Janeiro: Thomas Nelso n Brasil, 2007.

MENDES, Eunice; ALMEIDA, Lena; HENRIQUES, Marco Polo. *Falar bem é fácil:* um superguia para uma comunicação de sucesso. 3ª Edição. São Paulo: AGWM, 2007.

MIRSHAWKA, Victor; MIRSHAWKA, Victor Júnior. *Qualidade da criatividade.* São Paulo: DVS Editora, 2003.

MOGI, Ken. *Ikigai:* Os cinco passos para encontrar seu propósito de vida e ser mais feliz. Bauru: Alto Astral, 2018.

MORTENSEN, Kurt W. Influência Máxima. *Revista Qualimetria FAAP*, São Paulo, n. 267, p.1-7, nov. 2013.

OLIVEIRA, Wagner. *Excelência em vendas:* aumente seus ganhos utilizando ferramentas simples e eficientes. São Paulo: Perse, 2014.

SARDINHA, Vinícius. *A origem da motivação*. Disponível em: <http://www.administradores.com.br/artigos/a-origem-da-motivação>. Acesso em: 2 fev. 2020.

TAYLOR, Donald D.; ARCHER, Jeanne Smalling. *Up against the Wal-Marts*: how your business can prosper in the shadow of the ..." AMACOM Div American Mgmt Assn, p. 79, 1996.

VIEIRA, Paulo. *O poder da ação:* faça sua vida ideal sair do papel. São Paulo: Editora Gente, 2015.

ZIGLAR, Zig. *Automotivação, alta performance*. São Paulo: Editora Mundo Cristão, 2008.

OUTROS TÍTULOS DE WAGNER OLIVEIRA

EXCELÊNCIA EM VENDAS

Esta obra apresenta estratégias e ferramentas práticas para os profissionais de vendas que querem ampliar seus resultados. Com uma linguagem clara e focada no dia a dia do vendedor, este livro revela sete atitudes indispensáveis para quem deseja alcançar a excelência em vendas.

Uma obra já consagrada e elogiada por quem tem muita experiência no ramo e conhece muito bem os desafios atuais do consultor de vendas ou gerente de vendas.

Sem dúvida, um guia prático para o seu sucesso na área comercial!

www.t7treinamentos.com.br

Acompanhe Wagner Oliveira

🅾 woliveira_oficial

▶ Wagner Oliveira – Carreira, Vida & Negócios

Não existe uma receita nem fórmula mágica para o sucesso, mas posso afirmar que as pessoas que você escolhe para compor seu círculo de amizades exercem grande influência sobre o que você é e sobre o que você se tornará no futuro.

Torço para que os seus relacionamentos sejam saudáveis e para que as suas escolhas ao longo da vida sejam as mais assertivas possíveis. De fato, tudo é uma questão de escolha! Você escolhe se quer colocar em prática as dicas apresentadas neste livro, escolhe seus relacionamentos, escolhe sua profissão, a pessoa com quem deseja se casar e tantas outras coisas. Sim, fazemos muitas escolhas ao longo da vida e por isso saber escolher é tão importante. Lembre-se de que a ideia de abrir mão de uma escolha é completamente ilusória, pois "abrir mão de uma escolha" nada mais é do que fazer uma escolha.

> Você é livre para fazer as suas escolhas,
> mas é prisioneiro das consequências.
> — **Pablo Neruda**

Esta obra foi concluída durante uma das maiores crises já vistas no mundo, decorrente da pandemia da COVID-19. Por essas e outras razões, finalizo este livro incentivando-o a ter fé. Fé para superar os obstáculos, fé para vencer as batalhas, fé para tornar os seus sonhos realidade! Por mais que você esteja atravessando um momento difícil ou que as coisas não estejam claras hoje, você precisa ter fé e seguir em frente.

Posso lhe garantir que eu não teria chegado até aqui sem fé. Deus me agraciou com muitas bênçãos, muitas conquistas e vitórias. Nada disso seria possível se as mãos de Deus não estivessem estendidas sobre mim.

Você precisa confiar, não só em si e nos seus talentos, mas também naquele que te criou. Deus se alegra com as suas conquistas.

Confie no SENHOR de todo o seu coração e não se apoie na sua própria inteligência. Lembre de Deus em tudo o que fizer, e Ele lhe mostrará o caminho certo (Bíblia, Provérbios 3:5-6).

Siga em frente com humildade e perseverança. Seja grato, tenha fé e mantenha o foco em seu sonho.

Faço votos de que você tenha muito sucesso em sua carreira, em sua vida e em seus negócios!

Forte abraço!